영화가 이긴다

영화가 이긴다

ⓒ민병훈 2014

초판 1쇄 발행 2014년 10월 2일

민병훈 지음

펴낸곳 도서출판 가쎄 [제 302-2005-00062호]

주소 서울 용산구 이촌동 302-61 201
전화 070. 7553. 1783
팩스 02. 749. 6911
인쇄 정민문화사

ISBN 978-89-93489-42-2

값 15000원

www.gasse.co.kr

영화가 이긴다

글|사진 민병훈

차례

작가노트

저는 영화를 보는 사람들의 태도에서 종종 이상한 점을 발견하곤 합니다. 추상적인, 무의식적인, 난해한, 혹은 모호한 영화에 대해 사람들은 일종의 반감을 가지고 있습니다. 회화를 보는 태도와는 전혀 다릅니다. 영화는 즉 각적이고 곧바로 해석될 수 있어야 한다는 생각의 근원이 궁금합니다.

타자와 세상에 대한 새로운 발상과 상상력을 재산처럼 키워온 예술가들도 영화 앞에서는 자의적 해석을 망설입니다. 영화가 늘 스스로 정답을 보여 주어야 한다는 생각은 영화의 다양한 해석을 방해합니다.

사람들은 이야기가 담겨있는 영화를 좋아하는데, 그건 우리가 이해하기 쉽 지 않은 영화에 대해서는 그 느낌을 이야기하기 싫어하는 것 같습니다. 언 젠가 영화를 보고 난 후 느낌을 정리해보는데 감독 자신의 의도와는 달리 많은 관객이 정반대되는 관점의 평론을 남겨 당혹스러운 적이 있었습니다.

영화의 의미는 어떨까요?
지금까지는 '순간의 역사, 역사의 순간' 이라는 의미가 더 크게 담겨있는 기 록 영화를 더 많이 봤고 또 그런 영화를 더 쉽게 접할 수 있었기 때문에 영 화를 보면서 그 의미에 대해, 내가 받은 느낌에 대해 스스로 생각해봐야 한 다는 의식이 없었습니다. 그런데 영화는 모든 상상력을 동원해 감독의 신선 하고 창의적이고 흥미로운 상상화를 감상하게 해 주는 장점이 있습니다.

그렇다고 영화가 상상력인 것만은 아닙니다. 현실이 너무나 강력해서 내 의지와 상관없이 인물의 위치를 정하고 결정한 것처럼 그 모습 그대로 현실 안에서 피해갈 수 없는 우리의 거울과 마주하게 됩니다. 그것은 프레임 안에서 무한한 상상의 세계를 펼치며 유쾌한 놀이를 하고 있지만, 영화는 우리 삶의 현실 또한 오롯이 담아내고 있음을 보여주는 증거입니다. 영화의 가치는 아름답다고 표현될 수 있는 것 너머에 있습니다. 영화는 우리의 가치관을, 우리의 사고구조를, 우리가 사는 방법을, 이미지를 통하여 보여주는 인간 정신의 표현입니다

영화는 우리의 일상과 동떨어진 감상을 위한 예술품도 아니며, 생활에 필요한 오락만을 만들어내는 경제적 생산물도 아닙니다.
영화는 인간의 삶을 제 안에 담는 그릇입니다. 단순한 영화의 구조에 대해서만 생각하고 있던 제가 그 말뜻을 이해하고 영화에 담겨있는 사상과 철학을 고민해보게 되었다는 것은 어쩌면 영화를 만들면서 의식의 확장을 가져왔다는 긍정적인 변화였을지도 모르겠습니다.

예술로서의 영화는 인간의 삶을 영상으로 기록하고 종교적 의식이나 기도를 하는 것과 다르지 않습니다. 또한 아름다운 그림과 조각과 문학과도 다르지 않습니다.

행복하고, 즐겁고, 흥겹고, 기쁘고, 아름다운 삶과 인생의 관계를 이해함은 예술로서 영화를 바라보는 근원적 바탕입니다. 영화는 이 순간 거대한 크레인 같은 장치와 어마어마하게 큰 철골 구조물로 생성되는 것이 아니라, 그것을 누리는 우리 자신의 일상 속에서 탄생하는 것입니다.

영화를 만드는 사람으로서 저에게 사명이 있다면, 그것은 인간의 아름다움과 인간의 고귀함을 아름다운 영상으로써 증명하는 것입니다. 그 이외의 사명은 저한테는 없을 것입니다.

그런데 인간의 아름다움은 그것만 따로 존재할 수 있는 것이 아니고, 이 더러운 세상의 악과 폭력과 야만성 속에서 더불어 존재할 수밖에 없는 것입니다. 그래서 제가 인간의 아름다움에 대해서 말할 때는 이 세상의 온갖 야만성을 함께 말할 수밖에 없는 것이기도 합니다.

쓸쓸을 노래한다고 해서 인생이 쓸쓸한 건 아닙니다. 쓸쓸한 사람이 많다고 해서 세상이 쓸쓸한 건 아닙니다. 쓸쓸을 노래하되, 그것이 얼마나 뜨겁게 쓸쓸한지, 그것이 얼마나 서러운 쓸쓸함인지, 그것이 또한 얼마나 가열찬 쓸쓸함인지, 말해야 합니다.

그러니, 사실, 인생을 살아가는 동안은 쓸쓸할 여유가 없는지도 모르겠습니다. 나의 쓸쓸을 바라보기 시작했다는 건 아프기 시작했다는 뜻과 같은 의미이기도 합니다. 그러니 영화의 목소리를 빌어 소리치는지도 모르겠습니다.

'꽃은 진다. 피었으니 져야 합니다.'

영화가 이긴다, 시작합니다.

영화여
세상을
구원하라!

영화여 세상을 구원하라!

불안은 사라지리라!

영화여, 세상을 구원하라!

영화적 생명!

사랑은 눈물을 믿지 않는다.

내 이름은 쿠바, 당신의 이름은 사랑

사랑은 죽지 않는다.

굴뚝이 이리도 높으니 달님은 메워서 어쩌나

삶에 필요한 건 작은 위로

불안은 사라지리라!
폭풍의 언덕

영화가 시작되면 무거운 침묵과 긴장감이 몰려오며 사위가 어두워집니다. 몸은 말랑해지고 꽉 조여졌던 신경은 느슨하게 풀립니다. 그러곤 깊은 바다에 가라앉듯 꿈에 빠져듭니다. 세상에 이처럼 달콤하고 부드러우며 아름다운 순간이 있을까요. 영화를 보는 건 현실이 직면하는 문제에서 도피하는 가장 수동적이고도 겸손한 방법이기도 합니다. 죽음 파멸 고통 같은 이야기는 영화를 꿈꾸는 시간 속에서는 존재하지 않습니다. 영화는 어떤 현상의 이면을 찾고 드러내는 작업입니다. 이면이란 여러 현상이 존재하는 것을 인정하고 드러내는 것입니다. 자신만의 관점을 드러내고 설득시키는 작업, 이것이 중요합니다. 영화는 사물의 시인이라고들 합니다. 추상을 명확한 방식으로 표현하면서도 삶의 이면과 철학도 드러내기 때문일 것입니다.

2012 〈폭풍의 언덕〉 이 작품은 저에게 매우 특별한 의미를 가진

영화였습니다. 그것은 단순히 인물들의 모습을 클로즈업과 미세한 소리로 관계의 이면에서 꿈틀거리는 근원의 감정을 끌어올렸기 때문이 아니라 살아 숨 쉬는 이야기로 다가왔기 때문입니다. 영화와 문학 모두 어떤 세계에 관한 이야기를 한다는 공통점이 있지만, 영화에는 문학에 없는 살아있는 이미지가 있습니다. 문학이나 영화 모두 원래 말하지 않는 대상으로 하여금 말하게 합니다. 저기 정원이 있습니다. 정원에 대해 글로 묘사하면 정원이 말하게 됩니다. 그 정원을 카메라로 찍으면 역시 정원이 말을 하게 됩니다. 영화를 해석한다는 것은 감독의 작품 전체를 해석하는 데 있어 첫 단추를 끼우는 일과 같습니다. 그러기 위해선 첫 단추를 끼우는 일만은 언제나 전체를 살펴보고 그 전체적 구조 안에서 이루어져야 합니다. 다시 말해 작품만을 떼어 단독적으로 해석하는 것보다 다른 이면의 연관성 안에서 살펴보는 방식이 바람직하지 않을까 생각됩니다. 그래야만 내면의 세계로 들어가는 '비밀의 문'을 발견할 수 있기 때문입니다.

전통적인 누아르 영화들은 커다란 덫에 걸린 인간들의 곤경을 흑백의 숙명적 미학으로 묘사하곤 했습니다. 또한 웨스턴과 갱스터의 영웅이 기묘하게 얽은 선악의 이분법과 캐릭터를 역전시키는 것으로 구조화했습니다. '안드리아 아놀드' 감독은 영화를 통해 어디로도 탈출할 수 없는 거대한 삶의 부조리와 사랑에 직면한 불안한 인간의 내면을 그리고 있습니다. 삶과 죽음, 진실과 은폐, 망각과 상실은 언제나 사랑의

경계를 넘나들며 삶의 조건 속에 스며있습니다. 감독은 주인공인 히스클리프의 내면 심리를 구체화하기 위해 물, 바람, 물질 등 이미지와 관련된 특출한 음향과 어둠을 절대적인 믿음으로 사용합니다. 그것은 불안에 잠식당한 주인공들이 사회적 금기에 대항하는 치열한 투쟁에 가장 적절한 은유가 아닐까 생각했습니다.

〈폭풍의 언덕〉은 철저하게 히스클리프의 시선에서 영화를 이야기합니다. 히스클리프가 관여하지 않은 장면이 거의 없을 정도입니다. 영화에서 1인칭 시점은 넓은 화면보다는 좁은 화면에서 캐릭터에 집중하게 하고 시각적으로도 넓은 앵글보다는 좁은 앵글의 표현이 용이합니다. 바로 이러한 결과가 이 작품의 특징인 4:3비율의 장점을 획득하게 만들었고 심리를 이용하는 부분 또한 마치 각색한 책을 읽고 있는 느낌이 들게 해주는 매력이 있었습니다. 햇살 소리, 바람 소리로만으로 만져지는 느낌이 나도록 생동감을 가미해서 이야기를 견인합니다. 사랑과 정열은 인간만이 지니는 미덕일지도 모르겠습니다. 꿈을 꾼다는 것. 이것은 우리 자신을 다시 탄생시키는 일입니다. 꿈을 통해 이미지들과 관념뿐만 아니라, 모든 속박으로부터의 일시적인 일탈도 꾀할 수 있습니다. 쾌감의 중추를 끊임없이 그리고 적절히 자극하여 자신을 돌아볼 수 있는 능력을 갖출 수 있는 열쇠는 바로 전 우주적 존재로서의 '나'를 인식하는 것으로 생각합니다. 영화라는 것은 이미지가 그 자신의 고유한 힘을 발휘할 수 있도록 해주는 얼마 남지 않은 소중한 매체입니다. 우리에게 강한 인상을 남기는 이미지로서의 역할 말입니다. '히스클리프' 그의 존재는 특이합니다. 그는 가족에서도 사회에서도 주변인입니다. 이런 결과를 두고 그가 처한 환경 탓에 그 스스로 고립되었다고 보면 안 됩니다. 왜냐하면 그가 그토록 주변적 존재임에도 불구하고 그는 스스로 단 한 번도 자신을 비관하거나 비굴한 모습을 보여주지 않기 때문입니다. 그는 어디에 있든지 당당합니다. 진정으로 강한 자만이 상대방이 어떤 처지에 있든 상관없이 공정하게 대할 수 있습니다. 그건 게임의 성과 보다 자신의 명예를 더 소중히 하기 때문입니다. 게임에 이겨서 타인으로부터 얻는 명예가 아니라 자신이 얼마나 공정하게 임했느냐에 따라 스스로 부여하는 명예를 말입니다. 가족이 뿔뿔이 흩어지고 더 이상 아무것도 남아있지 않았을 때 그 위에서 홀로 그녀를 지키려고 하는 것은 그 뿐입니다. 그는 자발적으로 먼지가 되어 누추한 현실을 껴안습니다. 그에게는 더 이상 복수의 승패가 의미 없기 때문입니다. 그는 그렇게 혼자고 여전히 제자리입니다. 하지만 언젠가 그에게도 불안은 사라지고 평화로운 햇살과 사랑이 존재할 것입니다.

영화여 세상을 구원하라!

희생

인생을 지탱해주는 것은 밝은 대낮의 태양이 아니라 암흑의 길고 긴 밤을 견디게 해주는 별일 것입니다. 감독에게는 그러한 별만이 희망이며 인생입니다. 스크린에는 감독의 커다란 외침 소리가 들리고 소리 없는 메아리로서의 별이 스크린에 반짝입니다. 그 암흑과 절망의 긴긴 밤 속에 따라간 그 '별'도 언젠간 떨어질 것입니다. 하지만 떨어지는 순간까지 찬란하고, 반짝일 것입니다. 그렇게 당신은. 생의 마지막 순간까지 이렇게 고백하였습니다.

"아직 영화를 만들 시간이 있다. 새로운 것을 찾아야만 해."

"끝까지 못 찾을 수도, 있지 않습니까?"

"그럴 수도 있겠지."

"그래도 감독으로 살겠다는…"

"그렇게 생의 마지막을 맞이할 거다."

희생은 지구의 종말, 핵전쟁을 배경으로 알렉산더가 세상을 구원하는 이야기이자 봉헌의 의미를 생각하게 하는 영화입니다. 자기의 희생 없이 남에게 무언가를 해주거나, 줄 수는 없습니다. 여기에서 말하는 희생은 물질적인 것보다는 정신적인 희생을 말합니다. 희생의 전제조건은 대가를 바라지 않는 것이고 경건함과 성실함이 전제되어야 함은 물론입니다.

　알렉산더의 경건함과 성실함에 대해 생각해 봅니다. 그는 죽은 나무에 물을 주는 행위를 통해 자신의 신념을 실천합니다. 희생은 우화적 구조를 취하고 있습니다. 알렉산더의 집 1층의 세계는 현세를, 반대로 2층의 세계는 정신세계를 뜻합니다. 감독은 핵전쟁 이후 알렉산더의 정신세계가 원만하지 못하다는 것을 표현하기 위해 꿈과 현실을 명확하게 구분 짓지 않습니다. 인류가 멸망한 꿈을 꾸는 알렉산더가 옷자락 같은 것을 폐허에서 발견하게 되는데 이는 핵전쟁이 끝난 후의 인류의 흔적을 상징합니다. 알렉산더 어머니의 정원 이야기는 자연을 해친 인간, 인위적인 것과 자연적인 것, 본질적인 자연에 대해서 말합니다. 자연은 자연 그대로 있어야 자연이라는 것을 웅변합니다. 알렉산더는 마리아와 했던 약속을 지키기 위해서 자신의 집을 포함한 모든 것을 태워버립니다. 자신이 가진 전부를 태우는 것이 희생이라고 생각했기 때문입니다. 알렉산더는 신에 대한 자신의 맹세를 실천하는 과정에서 자신이 지금까지 속했던 세계와 완전히 결별하고, 가족과의 인연

뿐만 아니라 모든 도덕적인 것까지 무시합니다. 하지만 알렉산더는 우리를 위협하고 삶을 파괴하며 구제할 길 없이 멸망으로 이끄는 메커니즘을 온 세계에 폭로하기 위해 희생합니다. 〈희생〉의 등장인물들은 하나같이 제멋대로이고 비도덕적입니다. 하지만 이러한 행동은 단지 영화적 장치일 뿐, 윤리적 비판의 대상은 아닙니다. 그건 감독이 감정이입을 하지 않고 판단하지 않으며 그저 대상과의 감정이입을 최소화시키기 때문입니다.

현대 도시 문명은 거대한 자본을 투자해서 만들어내는 경우가 많습니다. 작고 소박하고 의미 있는 것을 주목하지 않습니다. 그래서 주목받지 못하면 우리가 하는 일이 무의미하고 참으로 보잘것없다고 여기기 쉽습니다. 그러나 과연 그럴까요? 세상이 주목하지 않는 것이라 할지라도 '세상에 있지만 세상에 속하지 않은 이들의 분투'는 실로 무한한 의미가 있습니다. 그것은 '오늘'의 분투이며 '내일'을 위한 밑거름입니다. 나 혼자 뿌린 씨앗이 아니라 나와 같은 생각으로 오늘 하루를 사는 수많은 동지가 함께 뿌린 씨앗입니다. 그래서 언젠가 그 씨앗이 자라 큰 나무가 되었을 때는 세상이 바뀌는 기적이 일어날 것입니다. 알렉산더의 일차적 동기와 목적은 '만물을 창조하고 다스리는 이의 아름다운 세계'를 있는 그대로 물려주는 것입니다. 순리를 거스르려고 하거나 핵전쟁과 같은 광기는 신이 창조한 세상의 선함과 아름다움을 훼손하는 것입니다.

아직은 젊은 저에게 타르코프스키 당신의 마지막 말은 진정으로 공유하기는 어려운 게 사실입니다. 하지만 저는 당신의 그 말을 무심하게 덮지는 않을 것입니다. 그냥 덮을 수 없는 잔상을 제 맘 깊이 남겼고 그대로 실천했기 때문입니다. 분명한 것은 저도 나이가 들면, 당신처럼 절절하게 누군가와 대화에 진실로 고개를 끄덕일 날이 올 것입니다. 구원이란 죽지 않는 것이 아니라 구원이라는 문제로부터 시작되는 것이라 생각합니다. 영화가 세상을 구원하는 날까지 삶은 지속 될 것입니다.

영화적 생명!

안드레이 루블류프

어떻게 당신의 영화적 기운을 잊을 수가 있을까요. 어떻게 당신의 영화적 생명의 기운을 느낄 수 없을까요. 저는 당신의 작품을 보면서 몇 번이나 호흡을 멈췄는지 모릅니다. 그것은 당신의 영화적 성공과 명성 때문만은 아닙니다. 사실 당신의 영화는 미학적 관점과 기술적 관점에서 보더라도 독보적이면서도 완벽하다고 할 수 있습니다. 제가 당신 작품 앞에 정말로 감탄사를 연발한 것은 당신의 자기희생적 영화 만들기의 분투기 때문만은 아닙니다. 저를 정말로 놀라게 하고, 미치도록 황홀하게 한 것은 당신의 유려한 시적 이미지와 아름다운 영화적 완성도가 아니라 당신의 영화적 태도와 진심이 전부임을 고백합니다.

사실 저는 어려서부터 지금까지 당신과 같은 부류의 영화를 자주 만나지 못했습니다. 당신 영화는 마치 롤러코스터를 타듯 일정한 리듬과 변주가 있습니다. 주르륵주르륵 이쪽에서 저쪽으로, 컷과 컷의 이어짐이

시소를 타듯 매우 경쾌하면서도 유려합니다. 또한 대사의 쓰임새가 매우 평범하지만 바로 옆에서 말하듯 유창하기도 합니다. 당신의 영화는 짧으면서도 그 느낌은 한없이 깊습니다.

저는 물 흐르듯 막힘이 없는 영화는 우연히 나오지는 않는다고 생각합니다. 그것은 당신께서 평생을 영화에 전력질주 해온 내공의 힘일 것입니다. 산더미 같이 쌓인, 당신이 찍은 필름을 생각합니다. 커다란 산만큼 쌓인 필름의 높이가 주옥같은 영화가 나올 수밖에 없음을 말해 주고 있을 것입니다.

수십 년을 용광로에서 닳고 닳으면서, 힘을 얻고 살이 붙으면서 생명력을 얻은 당신의 작품이 저는 정말로 좋습니다. 시공간을 초월하는 이야기와 이미지가 함께 숨을 쉬며 함께 하고 결국은 좋은 관객을 만나 세대를 초월한 명작을 탄생시킨 것이라 생각합니다.

당신의 영화 중 저에게는 〈안드레이 루블류프〉가 가장 기억에 남습니다. 〈이반의 어린 시절〉 이후로 두 번째로 만든 이 작품은 아직도 저에게는 등장인물의 이름이 떠오를 정도로 생생하기만 합니다. 그것은 단지 이 작품을 여러 번, 반복적으로 본 이유 때문만은 아닙니다. 이 작품 뒤에 나온 〈거울〉과 〈솔라리스〉도 수작이지만 개인적으로는 앞의 작품보다 좀 구성이 느슨해지고 캐릭터 묘사가 덜했다는 느낌이

들었습니다. 사실 역사적 사실을 배경으로 만든 영화들은 후반부로 갈수록 지루해진다, 라는 것이 정설이기도 합니다. 하지만 〈안드레이 루블류프〉는 뒤로 갈수록 지루해지기는커녕 오히려 굉장한 흡인력과 흥미로움으로 가득 찬 영화였습니다. 어느 평론가의 말대로 당신 영화의 비디오테이프가 걸레가 될 정도로 너덜너덜하게 보게 될 정도였으니까요. 하지만 너무 유명세를 타다 보니 반대 세력의 저항도 만만치 않았던 걸로 기억합니다. 생생한 현장 취재와 사실에 입각한 영화가 아니며 부르주아적 영화라 반박하는 평론들과 기사들도 무자비하게 나온 것으로 알고 있습니다.

하지만 오히려 저는 이 영화를 통해 러시아라는 나라의 실체에 어느 정도 접근하게 되었음을 고백합니다. 저도 어려서부터 이어온 철저한 반공 교육 탓에 머리에 뿔 난 괴물로 알았던 러시아의 실체적 접근이 조금은 열려졌다는 이야기입니다. 부끄러운 이야기이지만 당신들도 우리와 같이 가족이 있고 애환의 삶이 있는 멀쩡한 사람이라는 사실을 당신의 영화를 보게 된 후 알게 된 것입니다. 오히려 우리 보다 치열하게 한 시대를 풍미했고, 자신들의 신념을 위해서 죽음도 불사하는 매우 진지한 삶을 사는 자들로 인식하게 되었으니 말입니다.

당신의 작품이 성공할 수 있었던 이유는, 여러 가지 복합적인 이유가 있었지만, 나름대로 판단해 보면, 당신의 뚜렷하고 확고하며 창의적인 노력과 유려한 이미지 요소가 한몫을 했다고 생각합니다. 그리고 소련의 강압적인 폭압 정치가 당신 작품에 오히려 상승 작용을 했을 것입니다. 사적인 자리에서조차 말 한마디 잘못 해도 잡혀가 갖은 고초를 겪던 시절에, 절대 금기 사항인 개인의 예술적 자아와 내적 자유에 대해 당당하게 밀고 나갔으니, 더군다나 자국의 역사적 불행의 속살을, 현실의 소련과 동등한 입장에서 다루려면 당신은 상당한 용기가 필요했었을 것입니다. 결국 〈안드레이 루블류프〉는 역사적 진실에 목마른 관객이 찾을 수밖에 없는 필연적인 영화가 된 것입니다.

거듭 말하지만, 당신의 작품은 '매우 감동적이고 아름답습니다.' 관객의 몸에 착착 감기지는 않지만, 때로는 분노하게, 때로는 껄껄 웃도록 당신이 창조한 인물들은 세상을 살아가고 세상과 공유합니다. 당신의 성공은 우연히 이루어진 것이 아닙니다. "한 장면을 몇 번씩 찍어 내도 영상이 마음먹은 대로 엮이지 않습니다.", "컷 하나하나가 마음먹은 대로 되지 않아 한나절이 흘러가버린 것을 뒤늦게 깨닫는 것이 한두 번이 아닙니다." 이렇게 말씀하셨습니다. 그렇습니다. 당신의 작품은 뼈를 깎는 인고의 산물입니다. 영화를 무난하게 잘 만든다는 것은 쉽지 않은 일입니다. 이야기를 물 흐르듯이, 그러면서도 의미가 깊도록 만들고 싶으면 온 정신과 영혼을 한데 모아 집중해야 할 것입니다.

하지만 영화의 환상은 빛나고 아름답지만, 현실에서 이뤄지려면 환멸로 바뀌는 것이기에 영화를 다루는 방법은 치밀하고 안정되게 운용되어야만 합니다. 도시를 살아가는 사람들은 폭력과 살인이 주는 공포에 강한 내성을 가지게 마련입니다. 우리는 자신에게 어떤 불행한 순간이 발생하지 않는 이상 한 움큼의 관심도 보이지를 않습니다. 물론 타인에 대해 역시 아무런 관심도 보이지 않습니다. 높은 허공에 팽팽하게 늘어선 줄을 아무렇지도 않은 듯 성큼성큼 걸어가다가 한순간 발을 헛디뎌 소리 소문 없이 추락하고 마는 것처럼 앞사람이 추락했다고 밑을 내려다보거나 멈춰 서면 자신도 떨어질 수 있습니다. 그저 묵묵히, 허공의 줄타기처럼 냉정하게 걸어가야만 하는 것이 영화의 삶이고 현실입니다.

오늘 제가 만나는 이들과 만났던 이들 그리고 나 자신조차 우리가 사는 이 도시를 지옥으로 만드는 일에 적극적으로 가담한 그 주인공들이었다는 사실을 굳이 변명할 필요가 있을까 싶습니다. 영화란 인생은 어쩌면 너무나 덧없는 것들에 의해 웃고 울며 한평생을 소비하는 시지프스와 같은 운명을 애당초 짊어지고 태어난 비극인지도 모를 일입니다.

사랑은 눈물을 믿지 않는다
학이 난다

아름다운 영화란 가슴을 통해 만들어지는 것입니다. 영화는 의식과 무의식, 자아와 타자, 진실과 허위, 실상과 허상, 망각과 기억, 모호함과 명징함의 경계를 흐리며 환각의 장면들을 통해 기억 속 상처들을 도려냅니다. 영화가 보는 세상은 메마르고 황폐한 사막과도 같을 수도 있습니다. 그것은 제가 바라보는 세상의 창이 그렇기 때문이기도 하지만 자신이 잊고 있었던 온기 어린 가슴을 기억해내는 효과를 거두기도 합니다. 영화는 어떤 형식으로든 절제된 대사와 세심한 동작, 눈짓 하나하나에 참 많은 이야기를 담고 있습니다. 대사가 최대한 절제되고 자연의 힘으로만 밀고 가는 그런 영화 말입니다. 영화, 좋은 영화는 그 안에 生과 死가 모두 들어있습니다.

초창기 러시아 영화들은 몽타주기법을 활용하여 감상을 배제하는 대신 사실적인 영상을 추구하고 선과 악의 대립을 통해 인간 내면을 짚어내는 특징이 있습니다. 이것은 이성적으로 영화를 보게 하여 감성적으로 영화에 접근하지 못하게 하려는 의도이기도 합니다. 이는 관객들의 감정이입을 방해하기도 하지만 역으로 감동과 재미가 사라질 뿐만 아니라 감정 자체도 건조한 결과를 불러일으켰습니다. 1950년대 후반에 시작되어 1960년대에 절정에 이른 러시아 영화 혁명. 바로 이 시기에 미하일 칼라토조프 감독의 〈학이 난다〉가 탄생합니다. 영화의 주제와 기술상의 혁신, 그리고 감동을 추구했던 이 작품은 무너져가는 러시아 영화에 새로운 부흥의 신호탄이었습니다.

세계 제2차 대전을 배경으로 두 남녀가 전쟁으로 인하여 헤어지고, 전쟁터에 애인이 나간 사이 접근해온 사촌과 결혼한 그녀는 결국 비극적인 전사 통지서를 전해 받게 됩니다. 영화의 첫 장면은 학이 나는 모습을 남녀 주인공이 함께 보는 것으로 출발합니다. 하지만 이어 차가 지나가며 만들어낸 물벼락을 맞는 건 앞으로 있을 두 주인공들의 비극을 암시합니다. 〈학이 난다〉는 드물게 극도로 이데올로기가 절제된 러시아 영화입니다. 전쟁이 움켜쥔 부질없던 욕망 때문에, 삶의 소박한 꿈이 그대로 사라집니다. 전쟁의 공포와 광기의 공기를 포착한 촬영 솜씨는 놀랍고 그 어떤 영화보다 러시아 전통 구조에선 없었던 섬뜩한 묘사와 날 선 이미지들이 살아 숨 쉽니다. 영화 속 인물들은 짐승처럼 전쟁의 틈바구니에서 어떻게든 살아보려고, 혹은 도망치기 위해 발버둥거립니다. 만지면 버석버석 소리가 날 정도로 비쩍 마른 사람들입니다.

하지만 저는 이 작품 때문에 '전쟁'이라는 추악함에서 희망을 찾기 시작했으며 '희망'이라는 단어를 다시 한 번 생각하게 되었습니다. 영화 속 인물들이 세상과 싸우는 모습은 서글픕니다. 전쟁은 어쩔 수 없이 죽음의 끝자락을 짊어지고 가야 할 등딱지와 같은 의미입니다. 세상을 향해 눈 흘기는 냉소는 결국 자신이 약자라는 전제에서 시작됩니다. 감독은 전쟁이라는 추악함의 그늘을 시종일관 밝은 화면으로 묘사합니다. 하지만 그 밝은 세상이 이 영화의 행간과 이미지를 읽는 가장 큰 고통이 된다는 것을 저는 영화가 끝난 후 깨달았습니다.

이 작품은, 한마디로 고통스러운 즐거움입니다. 따지고 보면 삶이 바로 그런 것이 아닐까 생각합니다. 즐거운 고통이든, 고통스러운 즐거움이든 살아가야만 하는 인물이 영화 속에서 새로운 인물로 이 세상의 생을 다해야 하기 때문입니다. 영화 속 인물처럼 갈등을 겪고, 거대한 힘에 좌절하고, 그것에 비굴하게 고개 조아리면서 어떻게든 저항하지 못한 채 주눅 들어 사는 것. 그것이 이 시대의 우리에게도 가장 절실한 자화상이 아닐까 생각합니다. 그 자화상을 만나는 일. 그러므로 그걸 고통스럽게 인정하는 일이 이 작품의 즐거움이 될 것입니다. 전쟁의 기억을 전쟁으로 덮을 수는 없는 노릇입니다. 그럼에도 불구하고 우리가 지향해야 할 것은 분노와 응징이 아닌 용서와 화해, 그리고 평화의 길이라는 것을 이 작품은 말해주고 있습니다.

내 이름은 쿠바, 당신의 이름은 사랑

소이 쿠바

좋은 작품의 핵심은 그 작품의 '생명력'에 있습니다. '생명력'이란 작품 속의 인물과 캐릭터가 살아있어 촉수가 꿈틀대며 느껴지고 작가의 예술 정신과 열정이 고스란히 관객들에게 전해 넘쳐져야 합니다.

흥행이 되기 위한 영화, 관객들이 좋아한다고 같은 내용을 고스란히 반복하고 만들다 보면 감독의 정신력은 약화되어 순간적으로 죽은 영화가 될 것입니다. 화려하고 장식적인 영화가 오히려 죽은 작품일 경우가 많고 오히려 가식이나 숨김이 없는 단순한 영화가 살아있는 작품이 되는 경우가 영화의 맛이기도 합니다.

우리가 영화를 보는 것은 감독의 정신과 영화 속 공기의 기운을 느끼는 것입니다. 예술 영화 보기는 결코 사치가 아니며 인간으로서 할 수 있는 최고의 취미활동입니다. 과연 무엇 때문에 영화를 만드는가!

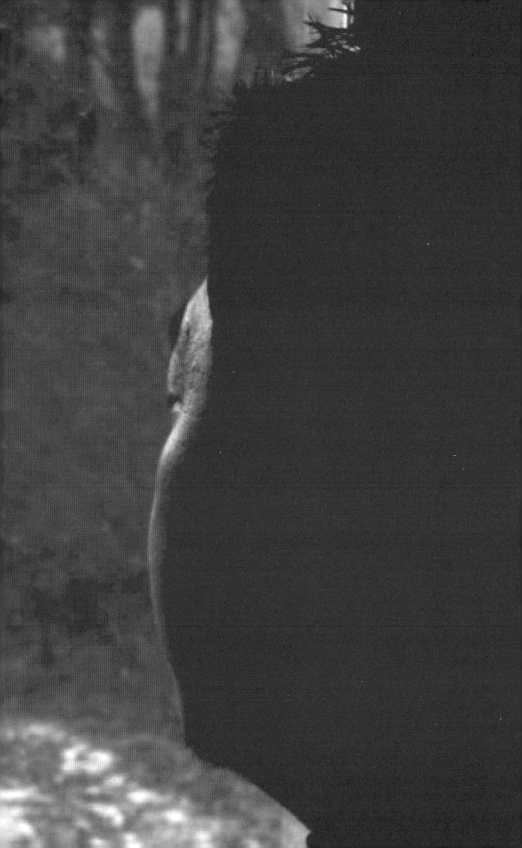

초자연적이고 무국적인 소재, 인간에 대한 지적이고 기품이 있는 통찰을 담은 영화는 시대를 초월하여 사랑받을 것입니다.

좋은 영화는 사회의 생각이 아닌 개인의 생각입니다. 좋은 작품은 인간의 보편적 감성에 교감해야 하고 슬픔과 기쁨을 정직하게 담아야 합니다. 여기 짜임새 있는 미장센, 황홀하면서도 너무나 아름다운 흑백필름의 명화 〈소이 쿠바〉가 있습니다.

〈소이 쿠바〉 이 작품은 쿠바의 황량한 정경으로부터 시작합니다. 반복되는 내레이션과 쿠바 특유의 멜로디가 전편을 감싸기 시작하고 세련된 이미지와 선동적이면서도 탐미적인 기운이 가득합니다. 이 영화는 그동안 서방세계의 시각만을 통해 보았던 쿠바의 모습이 아닌 쿠바이면의 진면목을 접할 수 있는 작품입니다. 미국의 꼭두각시였던 바티스타 정권이 몰락하고 피델 카스트로가 정권을 잡기 전까지 모습을 다큐멘터리처럼 담습니다. 완결된 여러 단편을 합쳐 놓아 복잡하게 보이지만 영화의 줄기는 오히려 단순합니다. 단순함 속에는 많은 이야기와 삶이 녹아 있습니다.

이 영화는 쿠바의 현실을 인공적으로 지어내기보다는 힘들고 어려운 삶의 한 단면을 그대로 취해서 보여주고 있습니다. 이 작품이 더욱 출중하게 느껴지는 건 놀랄 만한 상황이나 몰입할 만한 사건 하나 없지만 이야기가 지루하게 늘어지지 않는다는 점입니다. 자신들이 처한 위급 상황에 따라 변하는 인물들을 따라가다 보면 어느새 가슴에 와 닿는 무언가를 느낄 수 있습니다. 영화는 자발적이고 진실성 있는 동작과 꾸미지 않는 대사를 구사하고 노력해야 하는데 이것이 칼라토조프 감독이 그리는 영화의 세계입니다. 대부분의 영화감독은 무언가를 '하는 체' 하는데, 칼라토조프 감독은 그런 것에 관심 없어 보입니다. 영화에는 기만이 없어야 하고 카메라는 간결하고 긴 쇼트로 구성되어야 한다고 그는 늘 주장합니다.

그는 "영화에 대해 말하는 것과 일상에 대해 말하는 것은 별반 다르지 않다"고 말합니다. 그건 지금의 그 어떤 감독들도 결코 성취하지 못하는 그만이 갖고 있는 위대한 재능과 신념일 것입니다. 영화는 삶만큼이나 긴 간극과 어둠의 공백이 있습니다. 카메라는 흑백 영화라는 선입견을 떨쳐버릴 수 있을 만큼, 매혹적인 영상을 완성시킨 일등공신입니다. 섬세한 화면 구성과 화려한 색감은 정말로 아름답습니다. 실제로도 영화 속 공간들은 미지의 도시를 가장 어둡고 낙후된 곳들을 중심으로 촬영합니다.

"난 촬영이 예술과 기술의 사이에 있다고 생각한다. 영화의 주제를 제대로 전달하기 위해 예술적 비전에 대한 이해도 중요하지만 우선 기술을 장악할 필요가 있기 때문이다."

그는 "영화를 찍는 건 사랑의 행위다. 나의 목표는 각 영화의 모든 장면에서 관객들을 감정적으로 움직이도록 만드는 것"이라고 말합니다. 촬영의 조건을 통제하는 것이 아니라 '감정의 맥'을 통제하는 것에서 나오는 에너지는 차가운 기계 장치에 불과한 카메라에 뜨거운 온기를 불어넣었습니다. 무언가에 불만을 가지거나 청운을 품고 찾은 곳에서 더욱 갑갑한 현실과 맞닥뜨려야 하는 것처럼 말입니다. 흑백으로 제작됐지만 세심한 조명작업과 미술, 촬영의 삼박자를 갖춰 지금의 컬러로 재현한 영상 이상의 완성도를 보여줍니다.

저는 이 영화를 통해 현실 공간과 영혼의 세계를 한 화면에 구현하기 위해 얼마나 많은 고민을 해야 하는지에 대해 배웠습니다. 이 작품은 인간의 삶에 대한, 하층민의 삶에 대한 진정성이 있는 작품입니다. 굳이 어려운 상황에 놓인 사람들의 이야기를 통해서만 삶에 대해 희망 혹은 절망을 얘기하는 것은 진부한 설정 아니냐는 의문이 들 수도 있겠지만 상황이 어떠하든 희망과 사랑을 꿈꾸는 것이 우리들의 삶일 것입니다. 잃어만 가는 희망과 꿈에 관해 이야기할 수 있는 영화를 만난다면 자신만의 사색을 여유롭게 즐기리라 확신하며 인간 본연의 내면을 자연스럽게 드러내는 좋은 기회가 되리라 믿어 의심치 않습니다.

영화가 쇠퇴하였다는 말들을 많이 하지만, 영화를 만드는 데 어떤 배움이나 경험이 반드시 중요하지는 않습니다. 하지만 영화 안의 어떤 정직과 생명력 이런 것이 더 많았으면 좋겠습니다. 그리고 언제나 관객과 함께 있었으면 좋겠습니다. 기존의 영화가 쇠퇴했을 뿐 영화 자체가 쇠퇴한 것은 아닙니다. 또한 기존의 감독들이 쇠퇴한 것이지 영화의 광맥이 고갈된 것은 아닙니다. 새로운 영화에 도전하겠다는 각오만 확고하다면, 〈소이 쿠바〉처럼 영화의 광맥은 얼마든지 우리에게 그 가능성을 열어 줄 것입니다.

사랑은 죽지 않는다
어머니와 아들

영화의 현재성이란 역사의 묵은 가지를 딛고 새로운 공간을 찾아 발아하려는 문화적 성장 의지이며 시대정신의 원리입니다. 영화는 끊임없이 비판하고 부정하며 생성해가는 발전의 원리이지 고착된 양식이 아닙니다. 영화 예술은 바로 이런 거부정신으로부터 비롯되며 분방한 예술적 자유혼으로부터 잉태되는 그 무엇이라고 믿습니다. 영화가 반드시 서구예술의 전유물일 수 없다는 양심적 자각이 생기는 이유도 여기에 있는 것입니다.

〈어머니와 아들〉은 정신적 고뇌와 사랑의 상처에 시달리는 어머니와 아들의 가슴 아픈 멜로입니다. 수년간 마비된 몸으로 힘겹게 살아온 엄마는, 가빠지는 숨과 점점 꺼져가는 생명의 기운을 느끼며, 죽음과 남겨짐에 대한 정신적 불안을 아들에게 의지합니다. 아들은 어머니의 상실을 예감하게 되었을 때, 그리고 마침내 상실해버리고 말았을 때, 기약 없는 치유의 시간까지 남겨진 슬픔과 허무를 시를 통해 아름답게 발현합니다.

슬픔 곁에 앉으라.
슬프면 자신이 그 슬픔을 느끼게 하리라.
하루 종일 울어야 한다면 그렇게 하리라.

아들이 얻는 것은 고통을 느끼고 난 후 찾아오는 처절한 외로움과 상실감입니다. 슬픔이 엄청난 힘을 가지고 찾아올 때 인간은 본능적으로 압도당하는 기분을 피하기 마련입니다. 하지만 고통에 저항하는 것은 그것을 오히려 확대시킬 뿐입니다. 슬픔 속으로 내려가 그것을 느끼려 한다면 많은 공간이 생기겠지만 고통으로 자신을 씻어내며 몸과 마음으로 고통의 정중앙에 놓여 있으면, 고통은 제법 더 빨리 통과할 수 있을 것입니다. 이렇게 축적된 상실의 경험은 삶에 더 잘 대처할 수 있는 힘이 될 터니 말입니다.

〈어머니와 아들〉은 아들이 사랑하는 어머니를 떠나보내지 않으려는, 슬픔에 잠긴 이들에게 마음으로 전해주는 보석과도 같은 작품입니다. 죽음과 죽어감에 대한 우리의 관계를 변화시킴으로써 우리가 말하고 이해하고 이해받는 목소리, 정체성을 부여하고 소통을 이루고 관계를 형성하는 사랑에 대한 끊임없는 탐색과 음미입니다. 영화에서 그들

모자간의 비밀 언어는 그들만의 자유로운 언어이며, 생명을 얻고자 하는 하나의 상징이기도 합니다.

이 작품은 경이로운 세계이자 영화가 그려낼 수 있는 최대치의 환상 교향곡입니다. 러시아의 영화 시인 사쿠로프 감독은 놀랄 만한 상상력과 번뜩이는 지성, 인간의 진실에 대한 통찰과 예리한 시선으로 구원에 대한 진지한 문제부터 죽음과 생명, 온 우주의 섭리까지 포착하는 데 탁월한 감독입니다. 그는 영화적 미장센과 촬영 방식도 독특하지만 이야기는 물론이거니와 배우의 표정 하나하나가 설득력 있을 뿐만 아니라 구성력도 뛰어납니다.

인간은 어린 시절 누구나 자기중심으로 세상을 봅니다. 일종의 나르시시즘에 빠져 있는 상태라고 볼 수 있습니다. 하지만 이 시기를 거쳐 비로소 나를 둘러싼 사람들을 이해하고 배려하며 성장하게 됩니다. 그런데도 우리가 여전히 행복하지 못한 까닭은 거꾸로 노력했기 때문입니다. 외부의 조건을 바꾸려고 애쓰는 대신 내면을 바라보고 성찰해야 하는데 그게 그렇게 쉬운 일은 아닙니다. 은둔하지 않고 드러냄으로써 진정 자유로울 수 있듯이 우리의 내면은 보이지 않지만 비상할 수 있는 날개를 갖고 있기에 두려움을 뒤로할 수 있습니다.

'사랑했지만'을 쓸쓸히 토로하며 뒤돌아서는 사랑이 아니라면, 저는 그것이 어린 연인의 이야기라도 바로 우리 모두의 가슴으로 토로할 수 있는 이야기이며, 떨리는 손으로 맞잡을 수 있는 심연의 공유라 생각합니다.

황무지는 그 누구의 씨앗도 싹 틔울 수 없지만 그렇기 때문에 항상 꿈꿀 수밖에 없습니다. 싹을 틔워 나무가 되고 향기로운 꽃으로 다시 피어나 다시 생명을 살리는 열매가 열리는 땅. 모든 생명체가 모여들어 사랑받는 옥토가 되는 꿈을 꾸는 황무지. 한 영원의 회복을 꿈꾸는 모든 생명체의 꿈을 〈어머니와 아들〉이 말해주고 있습니다.

굴뚝이 이리도 높으니,
달님은 매워서 어쩌나
얼지마, 죽지마, 부활할거야

1990년 칸 영화제 시상식은 술렁거렸습니다. 미지의 땅인 러시아에서 온 비탈리 카네프스키 감독의 데뷔작인 〈얼지마, 죽지마, 부활할거야〉에게 황금카메라상이 주어진 것입니다. 불행한 시대에서 태어나 감독으로 추락과 비상을 거듭한 비탈리 카네프스키 감독은 그의 삶 그대로가 영화 자체이기도 합니다. 54살의 나이로 칸 영화제 신인감독상을 받은 그는 자신의 영화 〈얼지마, 죽지마, 부활할거야〉의 주인공처럼 기구한 삶을 살았습니다. 25살 때인 60년에 모스크바 국립영화학교에 입학했으나 42살이 된 77년에야 겨우 학교를 졸업했고, 66년부터 강간죄로 8년 반 동안 감옥에 있었습니다. 그의 첫 번째 장편영화였던 〈얼지마 죽지마 부활할거야〉를 만들기 전에 그는 고작 두 편의 단편영화를 만든 감독이었을 뿐이었습니다. 쉰 살이 넘어 첫 영화를 세상에 내놓을 수 있었던 카네프스키 감독은 자신의 유년시절의 비참한 기억과 얼룩진 시간들을 시적인 영상과 온기가 전해지는 재기

발랄한 유머로 멋지게 등장합니다.

1947년 극동의 탄광도시 스촨. 이곳에서 열두 살 소년 발레르카는 일본군 죄수와 포로들이 사는 강제노동 막사에서 엄마와 단둘이 살고 있습니다. 엄마 니나는 먹고 살려고 매춘을 하지만 아직 철부지 아이인 발레르카는 그 와중에도 썰매를 사기 위해 돈을 모읍니다. 그러나 시장에서 차를 팔아 모은 돈으로 힘들게 산 썰매를 누군가가 훔쳐갑니다. 다음날 발레르카는 예기치 않게 열차 전복사고를 일으키고 경찰을 피해 할머니 댁으로 도망치고 맙니다.

비탈리 카네프스키 감독의 자전적 경험에 근거해 만들어진 이 영화는 러시아 영화의 리얼리즘이 무엇인지 보여주는 괴물 같은 작품입니다. 감독은 이 영화를 촬영할 때 필름 살 돈이 없었던 나머지 친구들에게 조금씩 후원을 받아 한 장면씩 찍기 시작했고, 다시 찍은 필름을 보여주면서 다시 후원자들에게 보여주는 방식으로 수년에 걸쳐 이 영화를 촬영했습니다. 신에게마저 버림받은 듯 암울한 광산촌, 실제로 이 영화는 너무 절망적이어서 희망은 어디서도 볼 수가 없는, 암흑과도 같습니다. 감독인 카네프스키가 바라보는 유년시절은 억압과 고통으로 얼룩져있습니다. 하지만 카네프스키가 응시하는 시선은 날카롭지만 따뜻합니다. 어린 두 아이에게 마주한 삶이란 희망이란 찾아볼 수 없으며, 그들을 둘러싸고 있는 현실은 아무런 도움도 되지 않습니다.

힘들고 절망적이게만 보이나 수용소 내의 삶에 찌든 군상들은 오히려 인간적이기만 합니다. 그리고 단 한 번의 포옹이나 입맞춤도 의식할 수 없는 어린 발레르카와 갈리아의 사랑은 이 영화의 가장 커다란 위안이고 축복입니다. 티격태격 유치하게 다투기 일쑤였지만 암울한 상황 속에서도 둘 만의 어리고 여린 감성은 무한한 희망의 근원입니다. 지독히도 암담한 현실 속에서라도 그렇게 유치하고 바보 같은 어리광이 가능하다는 것은 우리가 신으로부터 허락받은 크나큰 축복이기도 합니다.

카네프스키는 소련 영화의 전통 위에 네오리얼리즘의 전통을 섞어 놓고 있는데, 발레르카의 어머니를 제외하고는 모두 비전문 배우를 기용하여 다큐멘터리처럼 촬영하였습니다. 감독은 현실의 절망적인 절규를 내뿜지만 실제로 그는 이 작품을 통해 아무리 절망적이더라도 삶은 살아볼 만한 거라고 웅변합니다. 〈얼지마, 죽지마, 부활할거야〉는 단순히 성장 영화라고 말하기에는 뭔가 어울리지 않는 것이 있습니다. 일반적으로 성장 영화는 주인공이 세상과의 갈등을 통해 성장하고 사회와의 화해를 통해 어른이 되는 과정을 담습니다. 그러나 이 영화의 주인공인 '발레르카'와 '갈리아'는 끝끝내 세상과 화해하지 못합니다. 카네프스키 감독은 관객에게 잠시도 공상을 하거나 따뜻한 회상에 잠길 수 있는 여유를 주지 않습니다. 영화 속 일련의 사람들이 어두운 갱도를 빠져나와 어디에도 잠시라도 따뜻하게 숨 쉴 틈을 주지 않기

때문입니다. 화면 가득 시베리아의 회색빛 하늘이 낮게 그늘지고, 화면에선 검은 탄가루가 은막을 뚫고 폐에 들어옵니다. 〈얼지마, 죽지마, 부활할거야〉는 뭐라고 한마디로 정의할 수 없는 영화입니다. 이 영화는 주인공을 정면에 배치시켜 영웅을 만들지도 않으며 대상화하여 소외시키지도 않습니다. 사실 어린 시절의 기억이란 대부분 아이러니하게도 행복하지만은 않습니다. 하지만 감독은 세상의 중심으로부터 멀어져만 가는 상처로 얼룩진 시간들을 순수함을 잃지 않는 소년과 소녀의 애틋한 사랑, 비탈진 광장과 탄광촌의 먼지 섞인 눈을 때론 고통스럽게, 때론 부드럽게 묘사합니다. 자신에게 냉랭한 현실과 가슴 아픈 기억을 그는 영화를 통해 화해하고 포용합니다.

영화 후반부에 수용소에서 묵묵히 일하던 일본 포로의 슬픈 노래가 떠오릅니다.

"산 위에 달이 떴네. 산 위에 달이 떴네. 굴뚝이 이리도 높으니, 달님은 매워서 어쩌나."

러시아에서 날아온 이 황량하면서도 쓸쓸한 한 편의 영화는 지금도 이 땅 어디선가 유효한 우리들의 모습이자 현실의 반영이고 영화 역사를 일깨우는 불멸의 영화입니다.

삶에 필요한 건 작은 위로
Touch

한 생명이 태어나는 것이 신의 영역이라면 그 생명을 키우고 지키는 것은 인간의 몫입니다. 세상의 일이 모두 그러하겠지만, 생명이라는 정체도 우리 마음대로 될 수 있는 일은 아닙니다. 생명은, 사랑하는 사람의 마음에 따른, 세상의 사랑에 빠진, 사랑을 하는, 사랑을 받는 사람들의 숫자만큼이나 다른, 그 반대의 제각각 다양하고 다채로운, 모두 다른 생명만이 존재하는 것인지도 모르겠습니다. 생명은 모험 같은 것입니다.?세상은 열심히 그날그날을 살아가는 순박한 사람들, 자기 자리에서 할 일을 그저 묵묵히 하는 사람들의 낮고 작은 숨결들이 모여 큰 생명의 바다를 이룬 것입니다. 하지만 생명의 삶은 어떤 무엇이 복병으로 기다리고 있을지 알지 못하는 모퉁이들을 돌고 돌아서 가는 모험의 길이기도 합니다.

가난과 빈곤은 근본적으로 다른 것입니다. 가난은 그래도 어느 정도

'숨 쉴 구멍'이라도 있지만, 빈곤은 도대체 그 어떤 대책도 없는, 그야 말로 삭막 그 자체인 것입니다. 가난은 사라지고 빈곤만 남은 시대. 예전의 가난은 모두가 가난해서 서로 정을 나누며 함께 살았지만, 지금의 빈곤은 뿔뿔이 흩어져 홀로 가난한 삶, 그래서 언뜻 보면 가난한 사람이 없는 것처럼 보이는 세상입니다. 부자의 행복은 보호받지만 가난한 자의 행복은 보호조차 받을 수 없는 세상입니다. 우리는 지금 이러한 세상에 살고 있습니다. 높은 곳만을 바라보는 사람에게는 보이지 않는 세계, 그 세계가 우리 안에 공존하고 있지만 그 세계를 볼 수 있는 사람은 그리 많지 않은 것 같습니다. 이것을 볼 수 있으려면 시선이 낮은 곳으로 향해 있어야 하는데 그것은 그리 쉬운 것이 아닙니다. 이 시대의 부조리와 폭력에 의한 무심함과 비정을 저는 정말로 부끄러워합니다.

여기 영화 속 인물들의 모습은 쉽게 볼 수 있는 우리들의 현실은 아닐지도 모릅니다. 그렇다고 멀리해서는 안 됩니다. 우리가 눈 감고, 고개를 돌려버린다고 이 세상이 아름답지만은 않기 때문임을 우리는 잘 알고 있습니다. 아름다운 것만 보고, 즐거운 것만 느끼며 내가 행복하면 된다고 생각하기엔 이 세상엔 너무 많은 어둠의 가면이 존재합니다. 사는 게 사는 것 같지 않다는 것은, 사는 게 인간답지 못하다는 것일 겁니다. 그럼 인간다운 삶은 어떤 삶일까요? 이 영화를 통해 저는, 정말 인간답게 살고 싶다는, 인간답게 살아가고 싶어 하는 소시민의 간절함을 느끼게 하고 싶었습니다. 그것은 곧, 감독인 제가 추구하는 세상이기도 합니다.

우리는 여전히 다른 사람들과 단절된 개인이 아니라는 것을 이해하지 못합니다. 우리는 나 자신의 운명이 타인의 운명과 연관된다는 것을 이해하지 못합니다. 우리는 주위에서 일어나는 일을 전혀 보고 싶어 하지 않습니다. 우리는 자신과는 아무 상관이 없다고 생각합니다. 우리 자신의 고통, 자신의 괴로움만이 나에게 상관이 있다고 생각합니다. 나의 괴로움은 하나만 있다면 그것으로 끝입니다. 그러나 수백만의 사람이 당신과 같은 고통을 참아내야 한다는 것을 알면, 그리고 그것이 모두 하나의 고통인 것을 알게 된다면 그것은 엄청나게 큰일일 것입니다. 내가 혼자가 아니라는 것, 그것은 자신이 생각하는 것보다 훨씬 작지만, 또한 훨씬 크다는 것을 이해하기를 바랍니다.

이 영화에는 불행하게 보이는 사람이 많이 등장합니다. 그들의 불행의 원인은 '소통의 부재'에 있습니다. 그러나 이 영화에서 불행은 주인공들 자신의 처지에서 드러나기보다는 주인공이 호기심인지 관심인지의 시선으로 지켜보았던 주변 인물을 통해서 드러납니다. 그들은 미쳐버렸거나 견디지 못하고 죽어버립니다. 하지만 주인공은 아직 불행에 몸담지는 않은 것 같습니다. 그러나 금방 닥쳐올 불행을 예감하고 있습니다. 지금은 아무도 주인공의 사적인 생활을 자세히 모르고 그래서 개입하지 않지만 곧 주인공의 일방적인 자기 세계는 깨어질 것입니다.

저는 아프고, 슬프고, 나약한 인간의 모습을 그리고 있습니다. 그것은 영화 속 인물들의 모습이 우리들의 모습이며, 또한 나의 모습이고, 내 어미와 내 아비의 모습이기 때문입니다. 그들은 사회라는 거대 틀 안에서는 그다지 세련되지 못한 삶을 살기에 행복하다기보다는 울적하고, 기쁘다기보다는 슬픔에 가깝고, 안정적이지 못하고 아슬아슬하게 살이를 연명해가고 있지만, 결국 그들은 웃어야 하고, 그래도 그들은 힘차게 살아가야 한다는 것이 저의 소망입니다. 그렇기 때문에 그들의 힘겨움 들은 안타까움이나 처연함으로 추락하지 않고, 건강한 일상으로 귀속될 수 있다고 믿습니다. 그것이 단순히 해피엔딩이어서가 아니라, 희망이라는 촌스러운 단어를 굳이 꺼내지 않아도, 삶을 담담히 바라보려는, 그래서 그 삶을 대하는 우리 스스로의 모습을 찾아낼 수 있기 때문이라 생각합니다.

이 작품은 심각함과 불편함이 공존할 것이라 생각합니다. 영화 속의 인물들이 처한 현실과 그 속에서 싸워가는 과정이 실제 우리들의 현실과 가장 맞닿아 있기 때문입니다. 하지만 어디에 초점을 맞출 것인가, 단순히 인간의 생명과 존엄에 심취해야 하는가, 아니면 다른 각도의 삶에 대한 근원을 찾아야 하는가는, 우리들의 현실 세계를 통해 실마리를 풀 수 있지 않을까 생각합니다.

　진실이란 오히려 추악한 것일 수 있습니다, 그러므로 비밀이나 거짓말은 나약한 존재인 인간의 존엄성을 지키기 위한 최후수단이기도 합니다. 진실이란 명분에 의해 쫓겨 다니다가 마지막으로 도달하여 몸을 숨기는 막다른 골목의 어둠이라 할 수 있습니다. 아프지 않은 진실은 의미가 없습니다. 저는 사랑의 힘으로 변하고, 사랑의 힘으로 배반할 수 있으며, 그 사랑의 힘으로 삶의 새 생명을 선택하게 되는 일련의 일들을 단지 영화 속의 인물들뿐만이 아니라, 현실 속 우리에게도 해당될 수 있는 일이기를 희망합니다. 사랑이 위대해서가 아니라, 사랑할 수 있는 인간의 위대함을 만나게 되기를 기대합니다. 그 위대함을 가지기 위해서 고독과 외로움을 이겨야 하는 숙제를 일생 짊어진 채 살아가는 인물들의 고달픈 행로. 그것이 사랑 때문이고, 그것이 인간이기 때문입니다. 사랑을 받는 사람도, 사랑을 건네는 당사자에게도, 사랑은 외로움을 덜어줄 유일한 수단이자 마지막 희망이기를 소망합니다. 이 영화를 보고, 스치듯 흘리는 작은 대사 한마디에 나도 모르게 눈물을 주룩 흘려버렸으면 좋겠습니다. "삶에 필요한 것은 작은 위로"라고.

영화여
부활하라!

이야기의 진실

우리는 누구나 이야기를 만들고 듣고 전달합니다. 이야기는 사실이든 허구이든 가리지 않는 인간의 본능적 욕구입니다. 이야기는 영화, 드라마, 만화, 게임 등 수많은 분야에 응용되고 확대 재생산됩니다. 하나의 이야기는 다양한 형태의 새로운 모습으로 재탄생합니다. 시대를 막론하고 이야기의 힘은 막강하기만 합니다. 특히 영화에서 이야기는 절대적인 것이 사실입니다. 사물이나 사건을 제대로 파악하기 위해서는 정확하고 냉정한 판단 능력이 필요합니다. 영화도 마찬가지입니다. 영화에 관한 이론서를 읽는다고 해서 영화가 더 재미있어지는 것은 아니지만 어두운 밤에 정원을 산책하는 것보다 밝은 빛을 따라 길을 걷는 것이 더 많은 꽃과 나무와 풀들을 보게 됩니다.

'이야기'는 갈등이 중심입니다. 물론 인물들이 엮어내는 사건이 본격적인 이야기의 흐름을 형성하지만 기본적으로는 작가가 창조한 인물의 성격과 핵심 갈등이 이야기의 뼈대를 형성하게 됩니다. 그리고 이것을 드러내기 위한 사건들이 배열되고 적절한 시공간 배경과 다양한 장치들이 마련됩니다. 하나의 완벽한 이야기가 형성되기 위해서는 수많은 장치가 협력해야 하는 것처럼 이야기는 각 부분과 요소들의 끊임없는 상호작용과 긴밀한 협조 관계를 통해 긴장감을 유지합니다.

하지만 복잡하다고 해서, 갈등이 고조된다 해서 좋은 이야기가 되는 것은 아닙니다. 단순한 구성과 관계만으로도 인상적이고 깊은 감동을 주는 이야기가 있는가 하면 수많은 등장인물과 복잡한 사건 전개가 이루어지는 데도 지루한 이야기가 있기 마련입니다.

이야기의 재미는 사건의 독특함이나 신선함에서 올 수도 있지만 인물의 성격, 배경에 대한 치밀한 묘사, 유려한 이미지, 유기적이고 정교한 구성 등 다양한 요소들이 만들어내는 교향곡과도 같습니다. 감독의 능력은 마치 한 편의 영화를 완전하게 탄생시키는 창조자이거나 지휘자로서 보이지 않는 손을 움직이는 능력에 달려 있습니다.

한 편의 영화가 탄생되고 그것이 관객에게 어떻게 전달될 것인가에 대한 고민은 감독의 것이 아니라 영화를 봐야 하는 관객들의 몫이기도 합니다. 과연 영화를 보는 목적이 '재미'만을 위한 것일까요.

모든 예술이 마찬가지겠지만 특히 영화는 영화 속의 허구적 인물의 삶을 관찰하며 나를 돌아보고 세상에 대한 이해의 폭을 넓히는 데 그 진정한 가치가 있다고 볼 수 있습니다. 영화는 우리가 살아가는 과정을 돌아보고 내 삶에 대한 고민을 반추하는 과정입니다. 영화가 특별한 교훈과 성찰을 꼭 담아내야 하는 것은 아니지만 적어도 관객의 입장에서는 영화를 보는 것은 어쩌면 나를 읽는 일이고 내가 살아가는 세상을 읽는 일이기 때문입니다.

영화는 감독의 의도를 알아채려 애쓰거나, 작품이 재현한 가상이 얼마나 그럴듯한지 확인하는 과정과는 거리가 멉니다. 영화의 의미는 작품이 가지고 있는 것이 아니고, 감상자들이 작품에 의미를 부여하는 쪽이며, 의미를 만들어가는 쪽에 가깝기 때문입니다. 그러니 좋은 영화는 관객들이 작품을 다양하게 해석하고 의미를 부여하며 즐길 수 있어야 합니다. 그 결과 좋은 영화는 감독과 작품, 관객들 사이에서 벌어지는 한 판의 게임과도 같습니다.

'이야기의 힘이란 때로는 사악한 것'이라고 합니다. 예측불허의 그 세계로 바로 달려가야 하는 것. 그것은 환상이 아니라 지독한 현실을 그대로 담고 있어야 하며 그 안에서 이야기의 힘이 어떠한 것인가를 말해주어야 합니다. 좋은 의미든, 나쁜 의미든. 인간은 모두 삶으로써 이야기를 자아내기 때문입니다.

과거의 영화를 지금 보는 것은 현재의 시점에서 과거의 영화를 해석하는 것이며 그 역시 현재를 살아가는 사람들의 시각에서 과거의 영화를 분석하는 작업입니다. 결국 역사와 영화의 문제는 해석의 문제이며, 해석의 문제는 시각의 문제이고 시각의 문제는 이데올로기의 문제로 귀결됩니다.

　감독이 있고 과거의 관객이 있고 그 영화를 바라보는 현대의 관객과 비평가가 있습니다. 그 안에서 과거의 상처와 현재의 상처를 보듬는 자세가 필요하며 그것은 결국 '소통'의 문제로 귀결됩니다. 상대에 대한 소통뿐 아니라 과거와 현재의 소통도 중요합니다. 역사와 영화의 문제는 과거의 현재의 문제이고, 과거의 문제를 새롭게 해석할 여지는 아직도 많습니다.

　영화는 과거와 현재를 잇는 끈이 되어주고 있으며 그 연결 끈은 과거와 현재의 화해를 이끌어주고 있습니다. 영화 안에 담긴 역사는 수많은 것을 말해주고 있지만 결국 역사에 담겨있는 진실을 담담하게 혹은 강렬하게, 슬프게 혹은 즐겁게, 결국은 역사를 살아온, 역사를 만들어갈 사람에 대한 이야기입니다. 역사는 사실을 말해줍니다. 그 안에 담겨있는 진실은 역사를 어떻게 바라보느냐에 따라 달라질 수밖에 없습니다. 그래서 역사에 담긴 진실을 바라보고 진심을 다해 우리의 역사를 만들어가야 합니다. 문학을 통해서도 역사의 진실을 느끼고 과거와 현재의 소통을 하고 미래를 만들어갈 수 있지만 영화 역시 ─ 어쩌면 영화가 더 강렬하게 소통을 이뤄야 하는지도 모르겠습니다.

이야기는 수많은 사람의 열망을 담아냅니다. 그것이 현실적이든 비현실적인지는 중요하지 않습니다. 사람들은 타인의 이야기를 통해 나를 확인하고 이루지 못한 꿈을 꾸기도 하며 내 삶에 대한 안도감을 느낍니다. 현실적인 욕망을 이야기를 통해 실현하고 싶은 것입니다.

위대한 생명

'생명'이라는 단어에서 그만 숨이 멎습니다. 생명을 잃어버린 세상입니다. 생명을 방치하는 세상이어서 삶을 잃은 지경이 된 세상, 방탕의 삶을 자랑처럼 내뱉는 세상, 부끄러움이 상실된 세상에 '치욕 중의 치욕의 자태'로 생을 내놔야 하는 생명의 이미지가 심란하기 그지없습니다.

시인에게는 시가 생명일 것이고, 어미에게는 자식이 생명일 것입니다. 어느 누군가에게는 사랑이 생명일 것이며, 누군가에게는 욕정과 탐욕이 생명일 것이고, 누구에게는 생명이 죄이며, 누구에게는 생명이 눈물일 것입니다. 여하튼 생명은 '죽음까지 당도' 해야 얻을 수 있는 뼈아픈 것입니다. 생명은 '부푼 젖꼭지'를 물리는 일처럼 섬뜩하게 고통스러우나, 마땅히 해내야 하고, 이겨내야 할 일입니다.

아, 인간의 삶이란 의미와 무의미 사이에서 끊임없이 헤매는 것일까요. 포유류의 슬픈 인연과 생명의 탄생과 죽음, 그리고 사랑과 희망에 대한 이야기는 '나와 우리'의 상처를 보여줄 수 있는 좋은 기회라 생각합니다. 나를 둘러싸고 나를 키워왔고 나를 좀먹고 나에게 상처를 입히고 그럼에도 나를 보듬어주는, 또한 내가 상처 입히는 그 모든 인연에 대한 이야기를 하자면 내 생명의 근원으로 돌아가지 않을 수 없습니다. 하지만 생명에 대한 사실을 무엇으로 설명할 것이며 그걸 설명하는 일이 과연 유효하고 절실한 일일까요.

사람의 태생적인 결핍은 소멸과 생성의 고리를 순환하는 생명의 나무들과 그것들이 이루는 초연한 인간의 이야기 속에 녹아있습니다. 생명에는 시간이 흐릅니다. 생명의 시간은 인간의 시간과 다를지도 모르지만 다르지 않기도 합니다.

'인연이라기보다는 인연의 부재가 가져오는 결핍감'이 현실에서는 느껴지지 않는다면 소멸과 생성이라는 생명의 사실이 그려낸 형상이 바로 우리 자신이라는 것, 자신의 몸이 구현하고 있는 시간이라는 것. 세상을 부러워하는 마음에는 욕망과 시기심이 깔려있고 그걸 냉랭하게 바라보는 이기심의 심연에는 결핍감이 낳은 과정이 은근히 배어있습니다. 인간의 심리는 생명에 대한 시선과 사랑이기도 합니다.

부재감에서 존재감으로 결핍감에서 충만감으로 나아가는 길에서

부재를 말할수록 비루하지만 소중한 존재감이, 결핍을 말할수록 인정할 수밖에 없는 어느 정도의 충만감을 우리는 안고 살아갑니다. 때론 투정부리지만 가만히 생각해보면 그다지 나쁘지 않아 웃음 한 번 씨익 웃을 수 있는 그런 정도의 삶이라면 좋은 삶일 것입니다.

영혼의 안식처

쓸쓸해야만 할 것 같은 계절. 가을이란 원래 그 모양인가 봅니다. 기승을 부리던 햇빛도 수그러들고, 비명을 지르듯이 푸르기만 하던 나뭇잎들도 제 색을 버리고 땅으로 떨어집니다. 새벽마다 안개가 잠식합니다. 가을의 색깔이 고개를 듭니다. 온통 무기력해서 아무것도 하고 싶은 게 없는 요즘입니다. 심지어 온갖 것들이 다 마음에 안 듭니다. 심지어 내가 좋아하는 안개도 오늘은 마음에 안 듭니다.

아, 어디론가 사라지고 싶은 나날이 이어집니다. 외로워서 그런 것이라면 뒷걸음으로 걸어 내 발자국이라도 보면 되겠는데. 그것도 아니라면... 정신 차리고 보면 가을 때문인 것 같은데, 정신을 놓으면 결국 영화 때문인 것 같습니다.

이오셀리아니! 당신은 그저 영화를, 고독한 인간을 너무도 사랑했던 감독입니다. 내가 배고프면 타인도 배고픔을 느낄 것이고 내가 노동의 고됨에 힘들어하면 타인 역시 고난의 시간을 보내고 있다는 것을 진정으로 공감한 감독입니다.

〈가을의 정원들〉 이 영화를 통해 인간에 대한 예의를 생각하게 됩니다. 나의 노동은 고귀하며 값진 것이고 당신의 노동은 값싼 싸구려다, 라는 생각을 버리게 됐습니다. 노동만큼 신성한 것은 없으며 그것은 우리가 모두 더불어 살기 위해 반드시 필요한 것임을 잊지 않게 됐습니다. 노동하는 인간에 대한 예의는 인간의 존엄성만큼이나 소중한 것입니다.

당신은 삶의 깊고 아픈 이야기를 가볍고도 가볍지 않게 슬프고도 슬프지 않게 풀어내는 예술가입니다. 들길을 지나고 터널을 지나고 다시 바다가 내려다보이는 구불구불 해안을 지나는 기차는 우리의 인생과 같습니다. 하지만 지나간 것은 지나간 것, 잊어야 할 것은 잊어야 하는 법. 물구덩이에 처박혀 다시는 건지지 못할 이별처럼. 새로운 출발을 위해 달려야만 합니다.

당신 작품은 너나없이 연약하고 외롭고, 강한 척 위악도 부리는 인간에 대한 연민의 영화입니다. 상처를 보여주는 방식도 과장 없이 솔직하고 자제심을 잃지 않으면서 때론 과감합니다. 특히 죽음과 생성,

이별과 만남을 생의 거대한 흐름 속에서 자연스럽게 은유합니다. 사람은 두 번 죽는데 몸이 죽는 것과 기억에서 잊히는 것. '묻어주기'는 당신 영화에서 하나의 상징으로 이어집니다.

사실 저는 스스로 혼자 여행을 떠날 만큼 용기 있는 자가 아니라는 자괴감을 갖고 있습니다. 예전에는 단지 말이 안 통해서 라는 핑계를 댔었지만 가만히 생각해보면 익숙한 고향 땅을 떠나 낯선 도심의 한복판에서 어딘가를 찾아갈 때조차 괜한 스트레스에 돌아다니는 걸 피했고 그것은 말을 못해서 낯선 길을 떠나기 어려워하는 것이 아님을 깨닫게 해 주었습니다. 길 찾기를 잘하는 것도 아니지만 그렇다고 유달리 못하는 것도 아닌데 왜 나는 낯선 길을 무서워하는 걸까. 여행은 모험을 떠나는 것이라고 했습니다. 완벽하게 계획을 한다 하더라도 어딘가에서 어긋날 수도 있는 것이 여행의 묘미라고도 했습니다. 하지만 그 누구나가 다 실천으로 옮기며 살아가지는 않을 것입니다. 여행은 스스로 깨우침의 시간을 갖게 하는 의미를 담고 있으면서도 나약한 나를 만나는 여정입니다.

영화가 그러지 않을까 생각합니다. 영화는 잘 만들어진 견고한 구조물과 같아야 합니다. 인물들의 갈등은 당위성이 있어야 하고, 그 갈등은 인물의 성격적 결함이나 세계와의 관계, 혹은 운명과의 대치를 통해 이뤄져야 합니다. 그 갈등을 풀어가는 과정은 서사가 되고 스토리가 됩니다. 인물은 그러므로 문제적 인물로 관객에게 끊임없이 생각하도록 종용하는 역할을 할 수밖에 없습니다.

제 영화는 복선도 암시도 심지어 주제마저도 잘 짜인 구조물 같다는 소리를 종종 듣곤 합니다. 그러나 구조물로써는 훌륭할지 몰라도 미적인 부분에 있어서 결함투성이임을 고백합니다. 뭐랄까, 그저 딱딱 잘린 사각형의 건물. 천편일률적인 배치도 같은 영화랄까. 작품의 여운, 마지막 장면마저도 계산되어 있다는 것이 너무 쉽게 보이곤 합니다. 물론 영화는 지극히 계산된 형식이어야 합니다. 그러나 제 영화는 너무 정직한 거짓말이랄까. 이것은 영화. 이것은 그것을 이야기하는 영화. 이것은 그것을 이야기하는 영화니까 당신들은 이렇게 느껴야 하는 영화라고 강조하는 그런 영화 말입니다.

연극이나 드라마와 달리 영화는 영화만이 전달할 수 있는 특유의 방식이 있을 것이라고 믿습니다. 연극은 공간 그 자체가 한계이고 드라마는 윤리의 제약을 받습니다. 영화는 이야기나 이미지의 한계가 없습니다. 영화를 자기 나름대로 머릿속에 그림을 그리며 딴생각을 할 수있는 것, 그것은 영화의 힘이기도 합니다.

제가 이번 영화에서 보이는 상상력은 바로 그런 목표에 가까이 가기 위한 몸부림입니다. 감독의 상상력은 영화를 통해 관객의 상상력을

자극시키고, 작가의 상상력과 관객의 상상력이 만나 더 다른 상상력을 생산할 수 있는 가능성을 만들어내는 새로운 영화의 가능성을 보여줄 수 있다고 믿습니다. 그러나 상상력은 영화의 느슨한 구조에서 기인하는 것이 아닙니다. 상상력은 감독 마음대로 기술한다고, 관객 마음대로 해석하고 받아들인다고 해서 만들어지는 구조가 아닐 것입니다. 쌍방향 교류를 하기 위해서는 감독의 우선적인 안내가 수반되어야 합니다. 그 안내를 따라 순응하거나 역행하거나, 혹은 변질하든 그것은 관객의 몫으로 남겨집니다. 그렇게 되어야 비로소 진정한 소통이 형성될 수 있는 기본이 될 것입니다. 즉 선행되어야 하는 건 감독의 안내여야 한다는 것, 그 안내는 감독이 펼친 작품세계라는 것입니다.

당신 영화 속에서는 자꾸 누군가가 사라집니다. 사라지고 없어지고 잃어버리고 잊힙니다. 마치 내가 꾸던 꿈 꾸던 나의 과거와 미래 같기도 합니다. 피곤하고 피로한데도 해야 할 일은 끊임없이 밀려 있을 때, 그럴 때 나는 내가 사라지는 걸 상상하곤 합니다.

아무도 모르게 나 혼자 24시간만 주어진다면. 48시간, 아니 이왕 상상으로 얻는 시간이라면 일주일, 아니 일 년 정도 그냥 조용히 사라질 수만 있다면. 안 될까? 그럼 안 되는 건가? 그런 상상도 불손하니까 하면 안 되는 건가? 일상이 팍팍하니까, 일상이 건조하니까, 그런 상상... 이라도 좀 해보면 안 될까?

당신이 저의 어깨를 다독여줍니다. 괜찮다고. 그래도 된다고. 보라고, 영화 속 인물들도 다 그렇지 않느냐고. 사라지고, 집을 나가고, 없어져 버리고, 연락이 끊기고. 다 그렇다고. 너만 그런 거 아니니까, 혼자만 외롭다고 생각하지 말라고, 당신이 저에게, 제 손을 잡고, 제 귀에 대고 직접 말해주는 것 같습니다.

가만히 생각하니, 좋아하는 것을 공유하고, 아픔도 감싸주는 것. 그것이 사랑이 아닌가 생각합니다. 영화의 끝 장면, 주인공 여자가 도시를 떠나고서 만나게 되는 풍경, 그리고 한여름에 내리는 하얀 눈. 그 장면이 얼마나 아름답고 값진 장면인지, 얼마나 가치 있는 장면인지 깨닫게 됩니다. 결국 사랑을 외면하고 살았던 저 스스로에 대한 반성을 하게 됩니다.

한 시대를 함께 살고 있는 나와 당신은 다른 객체이고, 나의 삶의 터전과 당신 삶의 터전은 다릅니다. 아픔도 다르고, 기억도 다르고, 가치관도 다릅니다. 물론 이상향도 다릅니다. 그런데 같아야 할 것이 있습니다. 그건, 변하지 않는 진심. 당신은 늘 그것에 대해 조용히 읊조리고 있습니다. 어떤 것이 진심인지는 아무도 모릅니다. 혹은 모두가 알기도 합니다.

그 진심을 찾아가는 과정. 그 진심이 왜곡되고, 그 진심이 버림받고,

그래서 그 진심 때문에 우리가 눈물을 흘리지만, 결국, 그 진심을 되찾는다는 것. 그것을 우리는 희망이라고 부릅니다. 당신이 품고 있는 당신의 진심이, 정말 진심이라면 감독의 진심도 정말의 진심일 것입니다. 우리의 진심, 이 시대를 함께 살아가고 있는 '우리'라면 말입니다.

가면과 거울

우리는 알게 모르게 영화로부터 많은 영향을 받게 됩니다. 영화가 나를 긍정적으로 반사해 주면, 스스로 자신을 긍정적으로 보게 되지만, 영화가 나를 부정적으로 반사하면, 자신도 모르는 사이에 자신을 부정적으로 여기게 됩니다.

우리는 어린 시절부터 상대의 반응을 통해 스스로에 대한 자아상을 확립해 나가기 시작합니다. 어린아이들은 자신에 대한 자아상을 가지고 있지 않습니다. 자기가 누구인지 모르는 거지요.

이는 성인이 되어서도 마찬가지입니다. 지금 당신에게는 '따뜻한 긍정과 관심'을 가지고 멘토 역할을 해줄 수 있는 영화, 나를 비판하거나, 평가하지 않고 내 얘기를 들어줄 수 있는 영화, 마음 편히 속생각을 터놓고 얘기해도 여전히 건강하고 긍정적인 관계를 유지할 수 있는 영화가 주변에 있는가요?

영화는 당신의 친구나 선배, 직장 동료일 수도 있고, 상담가나 종교일 수도 있습니다. 어린 시절, 긍정적 거울 역할을 해주지 못했던 사람들은 더욱 이런 영화가 필요합니다. 인생을 살다가 자신이 한없이 초라하고 한심해 보여서 괴로울 때, 이런 긍정적 반사대상은 우리를 나약하다고 비난하거나 부끄럽게 하지 않고, 안심시키고 격려해 줄 것입니다. 그런 격려를 통해서 우리는 다시 앞으로 나아갈 수 있는 힘을 회복하게 됩니다. 주변에서 자신의 긍정적인 면을 비춰주고 격려해 주는 영화를 찾아보려 합니다. 영화와 함께 지내는 시간을 늘려 봐야 합니다. 영화는 분명 내가 훨씬 더 긍정적이고 활기찬 삶을 만들어 나갈 수 있도록 도와줄 것입니다.

안과 밖

시와 다르게 영화를 보는 것은 전혀 다른 의미와 무게로 다가옵니다. 한 편의 시는 낱낱의 아름다움을 드러내지만 영화는 세상의 다양한 목소리를 담아 긴 호흡으로 풍부한 소리를 내는 교향악과도 같습니다. 시가 기교를 뽐내는 독주와 같다면 영화는 다양한 인물 군상을 드러내는 대하소설과 같습니다. 그래서 한 감독 영화를 온전히 이해하기 위해서는 영화를 보고 또 그다음의 영화를 보며 변화 과정을 살펴보는 즐거움을 맛보아야 합니다.

영화는 지독히 감독의 주관적인 영역의 예술입니다. 우리는 감독의 눈을 통해 세상을 바라보기도 하고 자신의 감정을 확인하기도 합니다. 그러나 정작 자신의 눈에 박힌 유리조각은 알지 못합니다. 우리는 누구나 타인을 객관적으로 바라본다고 생각하지만 손톱만한 자신의 실수도 알아차리지 못할 때가 많습니다.

동일한 사건과 사물에 대해서도 사람들은 전혀 다른 시각으로 바라봅니다. 기억은 더욱더 그러합니다. 내가 본 것은 내 안에서 다른 일과 사건이 됩니다. 그래서 내가 본 것은 언제나 불안하기만 합니다. 나와 타인을 믿을 수 없는 것은 인간에 대한 신뢰가 없기 때문이 아니라 어쩌면 내 눈과 기억과 판단에 대한 확신이 부족하기 때문일 것입니다.

감독의 눈은 '내가'라는 수식어가 주는 의미를 다시 확인하게 합니다. 주관적 판단과 사물에 대한 감각을 어떻게 표현하더라도 그것이 관객들의 공감을 얻을 수 있다면 그것은 주관이 아니라 객관적 정서와 맞닿아 있는 것이 아닐까 생각합니다. 영화는 인간의 끝없는 욕망을 반영합니다. 하지만 영화는 완벽한 세상이 아니라 디스토피아에 대한 경고입니다. 관점에 따라 다르게 바라볼 수 있지만 영화는 인간의 끝없는 도전과 지칠 줄 모르는 욕망이기도 합니다. 부정적 관점이 아니라 비판적 관점으로 세상을 보지 않으면 우리는 바보로 살아갈 수밖에 없습니다. 이성적 판단력과 합리적이고 이성적인 논리를 스스로 갖추지 않는다면 편협한 이기주의자가 될 수밖에 없습니다.

영화는 우리에게 현실에 대한 비판적 상상력을 요구하고 있습니다. 현실에 대한 의심과 상상력이 결여된 영화는 결코 좋은 영화라고 말할 수 없습니다. 영화는 짧은 분량에 수많은 메시지가 담겨 있습니다. 현재든 미래든 영화는 결국 인간의 문제입니다.

안에 있는 사람과 밖에 있는 사람이 있습니다. 밖에서 안을 지향하는 사람도 있고 안에서 밖을 지향하는 사람도 있습니다. 하지만 모든 사람에게 '안'이 있고 '밖'이 있습니다. 우리가 어디서 삶의 의미를 찾고 행복을 찾을지 알 수 없으나 분명한 것은 두 가지 세상 모두가 우리들의 모습이라는 것입니다.

삶의 문제를 어떻게 그리고 얼마나 담아낼 수 있느냐에 따라 영화는 단순히 '재미있는 이야기'의 범위를 넘어섭니다. 때로는 철학이 영화의 옷을 입고 나타나기도 하고 다양한 형식의 영역이 융합되기도 합니다. 그만큼 다양한 인생의 스펙트럼이 펼쳐진다는 것은 영화가 우리 삶에 대한 가장 깊은 고민과 재미를 제공시켜주는 매력 때문일 것입니다. 어찌 됐든 영화는 여전히 사람과 사람의 다양한 이야기를 변주하며 현실과 미래를 조망하기도 하고 불편한 진실을 드러내기도 합니다. 따라서 모든 영화는 인간의 삶이며 역사이고 미래입니다.

알 수 없는 미래에 대한 불안과 현실에 대한 비판적 관점을 제시하는 데 영화만큼 효과적인 방법도 없을 것입니다. 얼마든지 상상하고 창조하고 파괴할 수 있는 세계가 바로 영화이기 때문입니다. 그래서 영화적 상상력은 미래를 예견하고 현실의 문제를 선도하며 인간의 삶을 짐작할 수 있는 척도가 되기도 합니다.

충격적이기까지 했던 사건들이 수많은 영화를 통해 확대, 재생산되고 있지만 근본적인 질문에는 답이 없습니다. 과연 영화란 무엇인가, 영화와 우리 삶의 구성이 단순히 뼈와 살과 피로 구분할 수 있는가. 사람이 살아가는 세상은 완전할 수 없고 어둠과 그림자가 있게 마련입니다. 완벽한 세상은 어디에도 없습니다. 그곳은 어쩌면 영원히 인간의 마음속에만 존재하는 곳인지도 모릅니다. 예술적 경계를 넘어 세상의 의문들에 대해 쉽게 답을 할 수 없는 영화는 독특한 형식과 깊이 있는 내용으로 이런 문제들에 대한 관객들의 깊은 고민을 요구해야 하고 세상을 구원해야 합니다.

죽음과 삶

인간이 '살아' 있는 이상 '죽음'은 항상 떼어놓을 수 없는 테마입니다. 특히 그것은 미지의 세계라는 점에서 인간에게 - 다른 '미지'의 것들과 마찬가지로 - 언제나 극복의 대상이 되어왔습니다. 따라서 많은 영화가 죽음을 극복한 인물, 혹은 죽음을 극복할 수 있는 세계에 관해 이야기해 온 것은 결코 특기할 만한 일은 아닙니다.

삶에 있어서 우리는 '어디서 왔느냐'가 중요한 게 아니라 '어디로 가느냐'가 중요합니다. 저에게는 삶도, 영화도 욕망과 본능에 충실하고자 합니다. 욕망은 매도될 성질의 것이 아닙니다. 욕망은 지리멸렬한 삶을 살아가게 하는 원동력이기 때문입니다. 어쩌면 욕망 그 자체가 삶일지도 모릅니다.

광기 어린 커다란 눈이 이글대던 불꽃과 함께 강렬한 여운을 주었던 영화. 불우한 시절을 겪고 끊임없이 자기를 찾고 자기를 인정받고 자기를 실현하며 살아가고 싶은 욕망, 사랑하는 사람과 소소한 행복을 주고받으며 살아가고 싶은 욕망. 그것이 배제되거나 거세된 삶은 한낱 껍데기에 불과한 것일지도 모릅니다.

열등감에 찬, 세상에 대한 분노와 애증이 내면에서 뒤죽박죽 이글거리는 인간, 그래서 더 강해 보여야 하고 차가워져야 하는 운명의 인간. 겉으로는 한없이 강해 보이지만 생의 상처로 인해 연약함을 깊이 감추고 있는 인간. 돈과 생계와 미래의 꿈 앞에서 양심을 눈감아버린 인간. 이것이 나의 모습입니다.

죽음이란 어떤 것인가요. 죽음이 가져올 위험이 두려워 희망조차 품지 않는다면 견디기 힘든 현실은 극복할 수 없는 대상일 것입니다. "인생의 모든 고통은 죽음을 인정하지 않으려 하는 데서 온다."라고 했습니다. 죽음의 수용, 인정, 이것은 무욕의 마음과 긍정적인 생각에서 가능할 것입니다.

아름다움은 어떤 순간에 느끼게 되는 것일까요. 어떤 것을 느낄 때 아름다움을 떠올리게 되는 것일까요. 아름다움은 변합니다. 아름다움이 변하지 않는 것이라고 말할 수 있는 건, 아름다움 그 자체가 '순간'에 속해 있을 때입니다. 결국 가시적 아름다움은 변하게 마련이고 보다 본질적인 것, 보다 내재적인 아름다움이 진실에 가깝다는 뜻이기도 합니다. 진실은 영속성을 지닙니다. 아름다움은, 좋거나 나빴던, '의미 있는 순간'들에 내재된 선한 진실이 포착될 때, 그리고 그것이 기억으로 이어질 때 무한대로 가능한 마음 작용입니다.

지고지순한 어떤 것, 아름다운 것, 불멸의 것, 영원하고 고로 선한 것, 이런 것들에 다다를 수도 그것을 획득할 수도 없이, 죽음 앞에 인간은 한낱 불완전한 존재일 뿐입니다. 그러나 우리는 죽음의 환상에서 벗어날 수 있다고 믿는 경향이 있습니다. 그런 것들이 존재한다고도 믿고 싶어 합니다. 우리는 대개 서툰 춤을 추고 살고 있습니다. 아마 그 춤이 익숙하고 잘 맞게 되기까지는 시간이 오래 걸릴지도 모릅니다. 살아있는 것들은 모두 숨을 쉬며 살아야 하고, 그래야 합니다.

상심한 봄날의 몽환 속에서 벚꽃 잎들이 미친 듯 흩날리는 걸 보는 순간, 가슴 따뜻한 위로와 사랑을 느끼게 되는 바로 그 순간, 사는 일이 아무리 팍팍해도 그런 순간들의 연속으로 세상은 살아 갈 만한 것이고 아름답다 여겨지는 겁니다.

누구에게나 죽음의 순간이 옵니다. 그렇다면 인간의 삶이 어때야 할 것인가에 대한 고민의 실마리를 얻을 수 있을 것입니다. 꿈과 고독 사이의 내밀한 통로를 찾아 헤매는 것이 우리들의 숙명인지도 모릅니다.

부활하라!

　순간! 우리가 영원히 기억하고자 하는 혹은 영원한 것으로 남기를 소망하는 것들은 모두 순간이란 이름의 과거일 뿐입니다. 순간은 영원히 기억되는 것입니다. 순간은 과거입니다. 하지만 순간이 영원하다면, 고통만 남게 됩니다.

　신은 두려움의 대상이었고 한 치 앞도 내다볼 수 없을 정도로 미래가 불안했던 시절이 있었습니다. 고통스러운 현실을 견뎌 내거나 종교적 믿음을 위한 상징이 자연스럽게 만들어진 시절이 있었습니다. 결국 인간은 자신들이 원하는 신을 만들어 인간 스스로에게 자부심과 긍지를 만들어 주었습니다.

　'신의 눈을 의식하는 순간 지옥을 경험하게 된다.' 는 말이 있습니다. 단순히, 신은 우리에게 그리 관심 두지 않으니 신의 눈을 의식하지 말라는 말이 아니라, 신을 벗어날 수 없음을 수용하고 틀에 갇힌 사고에서 벗어나라는 것입니다.

내 눈이든 타인의 눈이든 '눈'은 어차피 믿을 수 없는 것입니다. 우리 중 누구든 타인의 눈을 의식하지 않고 타인의 눈을 빌려오지 않는 사람은 없을 것입니다. 그렇다면 타인의 눈에서 벗어날 수 있는 사람은 진정 자유로운 사람일까요. 우리는 늘 진짜와 가짜 사이에서 혼란스럽습니다. 진짜는 무수한 또 다른 진짜를 복사하고 증거 합니다. 저는 어떤 특별하고 특이한 작품을 좇지 않습니다. 아는 만큼 보인다는 말은 아는 것, 안다고 생각하는 '그것'을 경계하라는 말일 것입니다.

영화는 시간 혹은 기억의 연속성이거나, 기억처럼 우리들의 삶도 신과 상호작용을 하고 있다는 믿음이 아닐까 생각합니다. 우리는 각자 수많은 시간의 서랍들을 몸에 달고 다닙니다. 누군가의 시간은 나의 시간과 만나거나 어긋나기도 합니다. 그렇듯 영화는 인생의 황혼기와 청춘기에 대한 어긋남 혹은 만남을 거꾸로 가는 시간의 힘이기도 합니다.

삶은 이별과 만남, 만남과 이별의 연속입니다. 삶은 짧은 만남을 비롯해 결혼으로의 만남, 육친의 인연으로서의 만남, 불꽃처럼 번뜩이는 감정으로서의 만남이 있습니다. 그런가 하면 죽음과 이별, 이혼과 사별, 그리고 소중하게 간직해온 순수한 열망과의 이별이 곳곳에 있습니다.

영화는 생명예찬의 고답이 아니라 죽음의 숭고함과 부활을 예견하는 희망찬 찬가입니다. 세상은 온갖 종류의 권위와 폭력과 관습 그리고 본능을 억압하는 것들로 무장되어 있습니다. 사회가 세뇌하는 질서와 순종에 대한 부드러운 항의, 무력으로 약자를 짓누를 수 있다고 생각하는 자들에 대한 응징, 그리고 자연스러운 본성을 억압하는 자들의 유쾌한 환속을 보여줘야 합니다. 이것이 영화가 부활해야 하는 이유입니다.

침묵과 욕망
위대한 침묵

　겨울비 추적거리는 아침에 홀로 보러 갔습니다. 침묵이 필요하다는 생각이 새삼 들었다기보다 소란스러운 마음에 위로나 힘이 되지 않을까, 라는 기대를 안고서 말입니다. 영화는 대사와 내레이션이 거의 없으므로 미세한 소리가 극대화되어 들렸습니다. 그 소리란 가령 연초록 나뭇잎들이 바람에 스치는 소리, 수도복이 움직임에 스치는 소리, 쌓인 눈을 치우는 삽질 소리, 배식받은 밥통을 긁는 숟가락 소리, 기도문을 외는 소리 등입니다. 특히 마치 어느 고전 명화를 연상하게 하는 클래식한 정지화면들이 시선을 사로잡았습니다. 정물이 주는 한결같은 미더움과 충만함이 수도원에 침묵과 함께 깊게 베여 있습니다. 풍경도 건물도, 말없이 앉아있거나 소리 없이 걸어 다니는 사람들조차도 그림이거나 정물 같습니다. 정물과 침묵은 닮았고, 정물은 힘이 있습니다. 이러한 일련의 정물들이 하나의 이미지로 연속되어 내러티브를 이루는 이 영화는, 침묵만큼이나, 울림이 크게 느껴졌습니다.

영화 속 침묵은 정물의 비유로 상징되고, 성령은 햇살의 비유로 이야기됩니다. 특히 인상적인 화면들은 침침하기만 할 것 같은 오래된 수도원의 곳곳에 스며드는 햇살을 포착한 시적인 장면들입니다. 내밀한 햇볕, 은밀한 햇볕, 틈새나 균열을 비집고 들어오는 그 볕을 받은 사람은 순간 그것이 온전히 자신만의 것이라 믿을 수 있는 심원한 햇볕입니다. 어느 수도사는 성령도 바로 그런 것이라고 부드럽게 말합니다. 햇살 가득한 정지화면 속에서 진눈깨비처럼 부유하는 뽀얀 먼지의 작은 입자들은 정중동을 넘어 생의 희열과도 같은 명랑함을 선사합니다.

세상 사람들은 다 누군가에게는 피해를 주고 살아갑니다. 우리가 살아 있다는 것 자체가 피해를 안겨주는 것입니다. 시간은 결코 모든 짐을 던져놓고 앞으로만 옮겨가는 게 아닙니다. 시간은 언제나 당신의 상처와 고동치는 심장을 겨냥하면서 당신을 노리고 제자리를 맴돕니다.

침묵! 그것은 소리가 있을 때 존재합니다. 그것은 모든 소리를 일순간 삼키고 나아갈 수 있는 드높은 소리입니다. 소리를 듣는 수도사들의 신체 일부, 귀를 클로즈업하는 화면이 종종 나오는데 그 순간 화면에 잡힌 수도사는 누군가와 대화 중이 아닙니다. 독방에서 홀로 기도서를 읽거나 고개 숙여 기도하고 있는 중입니다. 자신의 내면에서 울리는 소리와 대화 중일까요. '내면의 거룩함'과 조응하기 위해 그들은 철저히 홀로 되어 자신을 독방에 가두고 기도하며 신께로 나아갑니다.

간혹 자막으로 나오는 글이 몇 번 반복되는데 이는 그들의 반복되는 일상, 반복되는 기도의 말을 보여주며 그들의 수행과정이 더욱 신실한 것으로 보입니다.

눈 쌓인 깊은 산골, 경사진 곳에서 눈썰매 대신 온몸을 굴려 미끄럼을 타며 깔깔대는 그들을 보고 듣는 경험은 의외로 반가운 것입니다. 영혼이 지쳤을 때 자연을 걸어보라고, 그러면 지친 영혼이 활력을 찾을 거란 해묵은 대사가 이들에겐 관념이 아니라 실천이고 일상입니다. 대사가 많지 않지만 어느 눈먼 수도사의 이야기라든가 마지막 장면 어느 수도사의 이야기는 침묵 속에서도 귀 기울여볼 영혼의 충고입니다.

결국 그들도 '행복'을 말합니다. 속세의 사람들과 다르지 않다는 점이 공감되면서도 의외였습니다. 그의 말을 듣고 보면, 왜 살아가야 하지? 라고 물을 때 우리는 신의 사랑을 받고 있기 때문이고, 그걸 느껴야 한다는 말로 들립니다. 햇살! 삐거덕 아주 조금 열린 문 틈새로 들어오는 햇살 같은 사랑, 그런 작지만 뻐근한 행복감. 신을 믿는 사람은 과거와 현재만 있다고 합니다. 좁혀 말하면 현재에 살라고 합니다. 미래를 걱정하지 말라는 뜻으로 들립니다. 그리고 잊지 말아야 할 것, 신이 원하는 것은 결국 우리가 '잘 되는 것'이라고 합니다. 우리가 잘 되기를 바라는 신이니까 그를 믿고 현재의 어려움쯤은 이겨낼 수 있는 영혼의 힘을 가지라는 말로 들립니다.

타인의 고통
자전거를 타는 소년

아침에 빗줄기가 긋기 시작하더니 바람이 꽤 불었습니다. 이런 날은 차를 달려 어느 포구쯤에 가 닿으면 좋겠다는 생각이 들었지만 예정대로 영화관으로 향했습니다. 갑자기 텅 비어 버린 극장에서 한기가 느껴졌습니다. 그리고 그 순간 알게 되었습니다. 모든 것 중에서 가장 중요한 것, 가장 오래 기억에 남는 것은 우리가 주고받는 사랑이라는 사실을. 고통은 사라지지만 사랑은 영원히 남는다는 것을 말입니다.

살아가면서 어느 한순간 빛나는 명화를 보는 것 같은 착각이 들 정도의 광경이 눈에 비치는 때가 있습니다. 그런 순간 자신의 존재 또한 빛나고 특별해집니다. 마법의 장면처럼 환상적인 풍경과 비현실적인 일들, 유머러스한 과장과 허풍들, 생의 통찰을 담은 은유적인 인물들과 대사들은 물론, 영화 전체가 열두 폭 병풍을 한 폭 한 폭 펼치듯 사건을 리드미컬하게 보여줍니다. 마치 흥미진진한 이야기를 듣는 것 같기도 했는데 그보다는 과잉감정의 노출을 자제하여, 타인의 생을 통해 자신의 생을 바라보는 데 있어서 슬픔보다는 기쁨의 눈을 갖도록 조용히 안내합니다.

욕망은 보는 것에서부터 오기 시작합니다. 동시에, 본다는 것은 이해한다는 것이고 안다는 것은 깨닫는다는 것이기도 합니다. 타인의 고통이 일종의 스펙터클로 소비되는 시대를 살아가고 있습니다. 우리는 자신이 사랑을 받지 못할 때 상처 입는다고 말합니다. 그러나 우리를 상처 입히는 것은 그것이 아닙니다. 고통은 우리가 사랑을 주지 않을 때 찾아옵니다. 우리는 사랑을 주기 위해서 태어난 존재들입니다. 신은 우리를 사랑을 주는 구조물로 만들었습니다.

영화는 저예산 영화이지만 이야기와 인물의 캐릭터가 매력적이고 충분히 재미있는데다가 작위적이지 않고 그럼직합니다. 영화의 핵은 '배반'의 법칙입니다. 상황이 늘 '나'를 배신하고 사람이 늘 '나'를 배반합니다. 영화는 끊임없이 관객의 기대를 배신하고 예상을 비틉니다. 영화는 새로운 가족 공동체와 함께 넓게는 생명의 탄생과 죽음을 그립니다. 스스로 그러하다는 자연원리로서의 삶과 행복 그리고 '모든 곳에서 피어나는' 사랑을 유쾌함과 진지함의 평형추를 놓치지 않고 노래합니다. 마치 자연 속에서 피고 지는 온갖 꽃들과 나무, 달이 차면 기울고 또 차오르는 보름달을 노래하듯 이야기의 흐름을 자연의 그림과 함께 배치합니다. 또한 유장하고 소박하게 흐르는 감정의 흐름을 자연의 풍광 속에서 느끼며 노래합니다.

부모로부터의 사랑의 상처를 가슴속에 묻고 지내기엔 너무 어린 소년. 황폐하고 답답한 일상을 사는 그는 너무 고운 얼굴을 하고 있습니다. 정돈된 피부 결에 단정한 머리, 선명하고 투명한 눈망울. 자신을 돌볼 여력이 없는 소년의 마음을 보여주기엔 너무 가슴이 아픕니다.

영화는 슬프고도 다정합니다. 하지만 상처 입었거나 그렇다고 생각하는 사람의 마음을 부드럽게 쓸어줍니다.

고통받고 있는 소년에게 연민을 느끼는 한, 우리는 우리 자신이 그런 고통을 가져온 원인에 연루되어 있지는 않다고 느낍니다. 우리가 소년에게 보여주는 연민은 우리의 무능력함뿐만 아니라 우리의 무고함도 증명해 주는 셈입니다. 따라서 우리의 선한 의도에도 불구하고 연민은 어느 정도 뻔뻔한 반응입니다. 특권을 누리는 우리와 고통을 받는 그들이 똑같은 지도상에 존재하고 있으며 우리의 특권이 소년의 고통과 연결되어 있을지도 모른다는 사실을 숙고해 보는 것, 그래서 자본과 악랄한 계급에 둘러싸인 채 타인에게 연민만을 베풀기를 바라는 것, 바로 이것이야말로 우리의 숙제이자 고통입니다.사랑을 줄 때 우리는 더욱 강해집니다. 다른 사람이 우리 자신을 얼마만큼 사랑해 주느냐에 행복이 달려 있다고 하지만 행복은 우리가 얼마나 사랑을 주느냐에 달려 있습니다. 얼마만큼 사랑을 받느냐가 아니라, 얼마만큼 사랑을 주느냐에 생명이 달려있습니다.

'연민'으로 그럴듯한 핑계들을 만든 채, 사랑의 이미지들 속에서 얼마나 쉽게 빠져나올 수 있었는지, 우리가 가져야만 한다고 생각되는 연민의 감정이, 연민의 한계에 대한 인식을 통해 실천적인 자각으로 나아가야 하는 것. 이것이 우리가 타인의 고통을 존중하는 자세입니다.

영화의 길

영화의 길

감독의 길

감독은 모순을 안고 사는 사람입니다. 영화를 만드는 순간은 행복하지만 영화를 보여주기 직전까지의 순간은 참으로 고통스럽습니다. 그렇게 고통스러운데도 놓을 수 없는 카메라, 감독의 숙명입니다.

영화란 말이 예술의 중심에서 가장 먼 단어로 여겨지는 것은 다행이기도 하고 다른 한편 불행이기도 하다는 생각이 듭니다. 다행인 측면은 생활에 밀착되어 진화를 해왔기 때문에 전문화된 영역 안에서보다는 일상생활에 더욱 넓게 자리하고 있다는 면이고, 불행인 점은 지식의 한 분야로서 전문화되어 버린 예술 안에서 영화가 주변부에 위치함으로써 삶에 별다른 영향을 끼치지 못한다는 사실입니다. 오늘날 직업적 전문가주의는 상업주의보다 더 경계해야 할 적인지도 모릅니다.

영화는 예술이 아닌 것이 파생시키는 모든 것을 허용하는 범주이기도 합니다. 영화가 순수예술과 구분이 어려워지고 있다는 말의 긍정, 부정은 무의미합니다. 영화에서의 예술은 이미 낡은 개념으로 바라보기 때문이고, 더 이상 영화는 예술을 지향하는 작업이 아니라 대중으로 개입되는 즉 예술에서 상업으로 전환되었습니다. 역사가 아닌 현실로 중심축이 이동한 것이지요.

현대적 삶의 매체는 그것이 영화건 과학기술이건 어떤 고정 실체가 아니라 그 자체로서 사회적 관계망으로 보입니다. 작품에 대해 사고하고 그것을 만드는 과정 자체에 사회가 있고 대중이 있는 것이지요. 살아있는 모든 것은 선합니다. 그것들은 단순히 기술적, 혹은 기법적인 것이 아니라 사회적인 관계를 포함하고 또한 나타내는 것이라 말할 수 있습니다. 예술가의 창작 활동은 스스로 어떤 질문과 형식을 실험하는 것이고, 때로는 진실의 용기가 필요하기도 합니다.

현대 사회를 사는 우리는 진실에 대해 자기 자신도, 남도 믿지 않는 극단적인 시대를 살아가고 있습니다. 진실을 말하는 것은 죽음을 무릅쓰는 행위가 되고 말았습니다. 과도한 소통과 정보의 홍수 사회인 오늘날이 그런 사회입니다. 그러나 본래의 의미에서 진실을 말할 수 있는 용기라는 자신의 삶을 통해 진정한 정의가 무엇인가를 보여줄 수 있습니다.

감독은 허름한 외투를 걸치고 수염은 덥수룩한 채로 가난하고 종종 기행을 통해 진실을 드러내는 사람이 아닙니다. 삶과 진실의 관계는 긴밀하고 동시에 분쟁적인 것입니다. 하나의 담론에 따라 자신의 생을 규칙화하거나, 정의의 관념을 옹호하면서 정의로운 행동을 하는 것이 중요한 것이 아니라 적나라한 진실의 현란하고 야생적인 현존을 직접 알 수 있게 하는 것이 무엇보다 중요합니다. 하지만 예술을 사칭한 협잡꾼들은 기성 질서를 유지하거나 그것을 보수하여 제 것으로 만들기 위해서 현실적 이유와 변명이 많고 합리성, 객관성이란 단어들을 들먹이며 예술에 대해 상투적으로 말하기를 좋아합니다. 왜 진실과 삶의 결합은 종종 선동의 형태를 취하는 것일까요. 왜 항시 진실한 삶은 동시에 스캔들을 일으키는 삶이 되는 것일까요.

진실은 감추어지거나 음험한 것이 아니라 완전히 가시적인 것이고 변질되거나 혼합되지 않은 순수한 것입니다. 진실은 합당하고 곧은 것이며 부동하고 썩지 않습니다. 이것은 플라톤이 진실을 이데아로 간주했던 생각입니다. 숨김없는 생은 노출의 원칙을 개입시키게 합니다.

감독은 이상적인 실존으로서 자기 자신에 대해 수치심을 느낄 필요가 있고, 뻔뻔스러운 삶을 미안해 해야 합니다. 그것은 가난의 의미를 강조한다기보다는 순수한 삶의 복귀를 희망하는 바람입니다. 감독은 적극적으로 약자를 응원하는 생활을 해야 하고 물질적 재산과 강자로부터 벗어나야만 인간의 진실을 볼 수 있습니다. 모욕과 구걸의 용인 심지어 불결함의 찬양에까지 이를 때, 감독의 실존은 명예스러운 것으로 변형될 것입니다.

감독의 곧은 생각은 필연적으로 사회와의 부조화를 불러옵니다. 하지만 영화가 내재적인 동시에 강렬한 진실이 담겨 있다면, 그건 감독의 눈물이 강을 만들고 바다를 메운 것입니다. 감독의 삶은 현실과 예술을 이분법적 사고로 나눌 필요가 없습니다. 예술 자체의 정체성을 말하고 자신의 생각이나 작업 방식을 붙들어 매는 것은 쓸데없는 노력입니다. 감독에게 있어 자기 배려의 미학적 차원은 실존의 규칙화된 가시화입니다. 예술가의 자기 테크놀로지들은 자신을 인식 대상으로 구축하는 대상화의 테크닉이 아니라 인간의 외부 세계에 영적인 원칙들을 가시화하는 윤리적 활성화의 테크닉인 것입니다. 이는 달리 말해 우리의 자아가 비가시적이고 심리적 내면으로 후퇴하는 진실과 관련 맺는 것이 아니라 사회적 관계의 정치적 외부성과 결부된 그런 진실과 관계를 맺어야 하는 것을 말합니다. 우리에게는 선을 추구하고 악을 피해 가는 도덕을 기초하는 것이 중요한 것이 아니라 진실을 따르고 거짓을 고발하는 윤리를 요청하는 것이 중요한 것입니다. 이는 오늘을 사는 감독에게 필요한 윤리적 요청이자 의무입니다.

비평과 질문

영화, 그 안으로 완전히 내려가게 되면 무엇을 만나게 될까요. 그곳은 천국일까요. 지옥일까요. 관객은 세계와 자신의 살아 움직이는 경계인 피부에서부터 주름을 따라 더 깊은 안으로 들어가게 되고 그 여행은 태어남과 죽음, 선과 악이 연결된 어둠 속에 거울을 만나게 됩니다. 꿈은 영상으로 표현하기에는 너무 복잡하고 한계가 있습니다.

영화는 다층적인 감각의 집적으로써, 즉 짐승과 초인을 이어주는 차이의 끈들이 집적해서 이뤄내는 감각이기도 합니다. 우리는 영혼의 질감이라 할 만한 사건적 영토를 슬며시 밟게 되는 은총의 순간을 맞을 수도 있습니다. 영화의 회화적 이미지는 환각적이며, 선악을 넘어선 마법의 세계로도 보입니다. 상징체계에 사로잡혀있던 서사에 대한 이미지와 해석된 내용을 이미지로 상징화하거나 변형하기 위해 원형성과 기원을 찾아 맴돕니다. 정체성에 대한 자의적인 필연성이 우연을 지배하는 현상도 목격할 수 있을 것입니다.

하지만 비평은 "그러지 마", "이렇게 해라"를 피할 수 없는 것일까요? 비평은 변형을 금지하거나 제한하며, 형상에 안정되고 분명한 윤곽을 정해주며, 형식을 대립시키고, 한 형식에서 다른 형식으로 이행할 때는 주체에게 죽음을 강요합니다. 모더니즘이건, 리얼리즘이건, 포스트모더니즘이건 무엇이건 비평은 명령을 강요합니다.

영화 비평에서 물음은 없으며, 대답에 대해서만 대답할 뿐입니다. 아무리 온건하고 상징적이고 통과 의례적이고 일시적인 것이 되어버린 명령어라 해도 그것은 작은 사형선고를 함축합니다. 그러므로 "명령어를 어떻게 피할 것이냐?"가 중요한 것이 아니라 "명령어가 감싸는 사형선고를 어떻게 피할 것이냐?"가 정작 문제입니다. 들뢰즈는 "하나의 사물, 하나의 말이라도 분명 이중의 본성이 있다."라고 했습니다. 이 말에 당장 얼굴이 화끈거립니다.

행인지 불행인지 태풍에 얻어맞을 때마다 우리의 영화는 '비약적인 높이'로 끌어올려졌습니다. 문제는 비평이 그 높이를 실감하기에는 준비가 전혀 되어 있지 않은 것이고 속수무책이라는 점입니다. 바닥에 너무 오래 엎드려 있었습니다. 비평의 쇠락은 영화의 승리가 아니라 문화의 황폐화를 초래합니다. 문화에 모국어는 없습니다. 말 더듬기를 두려워할 필요가 없습니다. 혼혈아가 되고자 한다면 모국어 속에서 외국인이 되면 됩니다. 비평의 공백이라 말하지만 실제로 우리에게 비평은 적지 않습니다.

예술의 종말에 대한 언명은 끝이 없습니다. 앵그르, 고야의 시대에도 헤겔은 '좋은 시절은 다 갔다'고 말하며 예술의 죽음을 애도했고, 보들레르는 마네에 대해 예술을 죽인 화가라고 했습니다. 그러나 영화계의 상황을 살피자면, 배우의 개런티는 수십억에 거래되고 영화관만 1천여 개가 넘습니다. 그러니 영화의 재난이 아니라 도리어 기적 같은 부흥을 누리면서 죽음을 신격화하는 형국입니다. 돈은 죽은 것이 살아서 돌고 도는 것이라는 헤겔의 말처럼, 영화의 지속적인 부활은 돈과 맞물려 있습니다. 영화는 돈을 돌게 하므로 돈은 영화를 단단히 지켜줍니다. 또한 비평은 영화에 주기적으로 가치를 매기며 그 명맥을 받쳐주는 제도적 동반자입니다.

그런데 왜 다시 영화의 문제인가? 그건 영화의 본질에 원인이 있습니다. 적어도 명확해진 것은 영화는 더 이상 예술의 전통적인 카테고리에 갇혀있는 것이 아니며, 필름이라는 매체를 통해 철학적 정의에 묶여있는 것도 아니라는 사실입니다. 그러한 것들은 이제 영화의 현대적 존재론의 역사를 떠올리게 할 따름입니다. 이제 영화는 세계로 통하는 창이라는 과거의 역할을 우회하거나 창문을 활짝 열어 외부로부터

이질적인 것들이 들어오고 외부세계와 적극적으로 만나 스스로 '다양체'가 되는 길을 걸어갑니다. 그동안 영화는 곧 이미지라는 일반적 전제로 인해 영화의 많은 가능성이 차단되었고 시각적 인문주의의 한계에 봉착해 있었습니다. 그리고 영화는 예술에서의 소통과 생산 과정들의 엄청난 가속화 현상으로부터 시간성의 의미를 새겨볼 필요가 있게된 것입니다. 영화에 내재해 있고 예술에 고유한 또 다른 시간성을 발견해야 할 필요성이 크게 제기된 것입니다. 영화가 기반으로 삼아온 공간이라는 것도 시각이 청각 및 촉각과 긴밀히 연관되어 가는 현 상황에서는 더 이상 공간이 시각적 근거가 될 수 없다는 점입니다. 현대 영화에서는 보이지 않는 것이 사라져 버렸고, 보이는 재생 도구들마저 무력해져 버렸습니다. 문자 발명에 따른 시각적 현상은 의심스러운 것으로 판명됩니다. 영화는 비가시성을 끌어들인 것이 아니라 문자를 시각화한 것에 불과할지도 모릅니다. 아마 그것은 시각적인 것을 더욱 믿을 수 없게 하는 허위 혹은 무의식의 증거가 될 것입니다. 진실은 레비 스트로스가 말하듯이 그것이 숨겨두는 것에 대한 배려에서 스스로를 드러내는 것입니다. 지금 영화가 비틀거립니다.

이미지의 꿈

영화는 이미지를 복제하고 보여주는 매체처럼 보이지만 그와 동시에 그것은 자기를 복제하는 장치이기도 합니다. 만일 영화가 이야기를 만들어 내서 자기를 전달하지 못했다면 그 이미지는 매우 제한적인 의미밖에 갖지 못할 것입니다. 영화는 배열하고, 조립하는 것입니다. 하나의 프레임 속에 담기는 수많은 요소를 선택하여 배열하고, 이미지와 소리를 조합하고, 화면과 화면을 조립합니다. 그러나 조립된 수많은 요소는 고정되지 않고 끊임없이 이미지의 흐름 속에서 달려나갑니다. 그렇게 자기의 속도와 방향을 갖고 나서야 비로소 말하기 시작합니다. 상상적 단계의 이미지와 소리는 대가를 치르고 상징적 단계인 이야기의 질서는 자기 내부 속으로 들어서는 것입니다.

영화의 오래된 편견 중의 하나는 쇼트 수가 많으면 속도가 빨라지고 쇼트 수가 적으면 영화의 속도가 느려진다고 생각하는 것입니다.

여기서 도출되는 가장 큰 오류는 할리우드 영화는 쇼트 수가 많고, 따라서 쇼트 수가 많으면 상업영화라는 결론입니다. 그러나 그것은 사실과 다릅니다. 장시간 촬영을 하는 롱 테이크는 영화 수사학의 하나이나 이것이 영화의 예술성을 담보하는 것은 아닙니다. 중요한 것은 그 배열과 조합의 화법입니다.

영화가 그 스스로의 힘으로 살아남는다면 그것은 기존의 구도를 재편하여 새로운 정서를 창조해 내는 것입니다. 역설적으로 영화를 보고 난 다음에 할 수 있는 말이란 기억 속에 남겨진 이미지에 멋대로 혀를 내맡기는 일입니다. 만일 그것이 그저 일시적인 잡담거리라면 그대로 내버려두어도 괜찮을 것입니다. 그러나 영화가 감독의 은밀한 내면의 고백을 담아내는 매우 소중한 장치이며, 그 속에 이야기를 만들어 내는 수사학을 가지고 있다는 사실을 인정한다면 영화는 보기는 쉽지만 설명하기는 어렵다는 말에 공감할 것입니다.

타르코프스키의 「희생」에서 집을 불 지르는 주인공의 선택은 우리를 괴롭힙니다. 키에슬로프스키의 「블루」에서 마지막 순간 미소 짓는 주인공의 의미가 우리를 불편하게 만듭니다. 앙겔로플로스의 「율리시즈의 시선」에서 필름을 보며 웃다가 우는 주인공의 눈에 무엇이 보이는지 알 길이 없는 우리는 그 표정을 통해 궁리해야만 합니다. 그것은 결코 감독들의 잘난 체가 아닙니다. 그들은 공감할 수 있는 사람들을 기다리는 것입니다. 모든 영화가 친절하기를 기대하는 것은 참으로 무례한 일입니다. 가장 많은 사람이 이해할 수 있는 영화는 언제나 상업영화거나, 아니면 무언가 정치적인 의도를 담은 프로파간다일 것입니다. 심지어 더 나아가 검열을 피하기 위해 감독들은 점점 더 은밀해지거나 모호해지거나 합니다.

고백에 귀 기울이는 것은 그저 영화를 노려보는 것만으로는 부족합니다. 가장 중요한 것은 영화를 만들어 내는 감독의 머릿속으로 들어가는 것입니다. 영화의 구조는 감독의 뇌처럼 구조화되어 있다고 말한 지젝의 지적은 그런 의미에서 전적으로 옳습니다. 영화는 거대한 세포들의 집합체입니다. 모든 영화는 서로 다른 세포의 조직을 가지고 있으며, 그들은 수많은 생명체처럼 서로 다르게 진화하였습니다. 영화는 암호처럼 읽히지 않는 것과 마찬가지로 알 수 없는 미로 속으로 우리를 잡아 이끕니다. 우리가 할 수 있는 일은 그 속에 들어가서 지도를 작성하는 것입니다. 그런데 이상스럽게도 우리는 그런 지도를 그리는 일에 대해서는 매우 둔합니다. 가장 혼란스러운 순간은 당신이 선택하는 그 시간입니다. 때로 그것은 도덕의 문제이기도 하고, 선악의 판단이기도 하고, 가치의 선택이기도 합니다. 더 이상 무엇이 두려운 걸까요?

미장센의 자화상

영화를 이야기하는 방법에는 여러 가지가 있습니다. 만일 영화를 만드는 사람들의 마음속에 들어가고 싶다면 다른 것을 보아야 합니다. 당신이 영화를 이리저리 뜯어볼 수 있도록 하는 그 모든 용어는 영화를 만들어 내는 사람들의 손과 머리에 이미 육화되어 있는 것들입니다. 그들은 그것을 자신들의 언어처럼 사용하고, 당신의 영화에 대한 개념과 이성은 그들의 정서와 감각과는 다른 차원입니다. 영화의 생산 과정과 소통, 그리고 그 사이에서 발생하는 영화를 만드는 사람과 영화를 보는 당신 사이의 껴안음은 어디서 비롯되는가를 먼저 물어보아야 합니다.

후 샤오시엔의 「비정성시」에서는 영화의 이미지와 일상생활 속의 삶이 서로를 지탱하며 영화를 보는 관객의 태도를 보존하게 만드는 사례를 제시하고 있습니다. 감독은 낮은 시선에 카메라를 놓고 그들을 자신의 존재를 숨기며 등장인물의 동작을 미동도 하지 않고 바라봅니다. 그것이 세상을 위로할 수 있는 최선의 방법인 것처럼, 카메라는 말 없이 거기 그렇게 영원히 함께 있을 것처럼 정지해 버립니다.

후 샤오시엔은 장면을 결정할 때 영화의 미학이나 이론을 찾는 대신 세상을 살아가는 보통사람들의 예법을 자연스럽게 끌어 올린다고 합니다. 그럼으로써 그의 시선은 우리들의 삶과 완전히 일치하게 됩니다. 이 얼마나 사려 깊은 지혜인가요.

영화에서는 보이는 것의 생략이 눈앞에서 벌어지는 것의 재현만큼이나 중요한 의미를 갖게 됩니다. 미장센은 보이는 것에 대한 연출뿐만 아니라, 무엇을 배제할 것인지의 문제이기도 합니다. 들뢰즈는 영화의 미장센에는 채워 넣기와 비워 내기의 두 가지 방향이 있다고 설명한 바 있습니다. 예를 들어 알프레드 히치콕 감독은 계속 화면을 채워 가면서 의미를 풍부하게 하고, 일본 영화감독 오즈 야스지로는 필요 없는 것들을 계속 빼내면서 화면을 가장 단순하게 만들어서 그 의미를 정화시켜 낸다는 것입니다. 대부분의 영화감독은 이 두 극단 사이에서 영화를 만들어 나갑니다.

타르코프스키의「희생」은 거의 완전하게 일상성을 배제하고, 자기 사유의 구조에 따라 모든 것을 새로이 배치한 예입니다. 반면 깊이가

없는 영화일수록 화면은 즉물적이고 감각적입니다. 그의 영화는 줄거리를 안다는 것과 영화를 보았다는 것은 전혀 다른 의미를 지닙니다. 심지어 영화를 보고 난 다음에도 영화가 만들어 낸 퍼즐을 푸느라 애를 먹기도 합니다. 이는 전적으로 미장센이 야기한 결과입니다. 흔히 저지르는 오류중의 하나는 미장센이라는 개념을 몽타주에 대비되는 것으로 받아들이지만 영화에서 미장센과 몽타주는 상호보완적인 개념입니다.

미장센을 이해하는 것은 흔히 '영화를 보는 대신 읽어 내는' 첫걸음이라고도 불립니다. 왜냐하면 대부분의 영화감독은 시나리오 작가가 써 놓은 대본을 가지고, 제각기 선택한 장르 내에서 촬영감독이 잡아놓은 화면 구도에 따라 배우들의 연기지도를 합니다. 이들이 '감독으로서의 자신의 서명'을 남겨 놓을 수 있는 방법이란 단지 그들 사이의 조화를 놓고 레디 고를 부른 다음, 좋다와 나쁘다를 선택하는 것 외에는 없기 때문입니다.

가장 어려운 것은 영화감독들이 미장센을 통해서 자신의 서명을 남기는 방법은 철자가 아니라 이미지라는 점입니다. 따라서 그것을 읽어내는 것은 매우 신중해야만 합니다. 왜냐하면 여러 이미지 속에서 우리는 보통 자기가 보고 싶은 것만 보기 때문입니다. 그래서 잘못된 가정을 세우고 거기에 맞는 논리들을 끼워 넣으면서 완전히 잘못된 길로

들어서기도 합니다. 그러나 이미지들은 하나의 화면 속에서조차 한 자리에 멈추어 있지 않습니다.

창작의 비밀

아이디어는 물고기와 같습니다. 작은 물고기를 잡으려면 얕은 물에 머물러도 됩니다. 그러나 큰 물고기를 잡으려면 깊은 곳으로 들어가야 합니다. 깊은 곳에 있는 물고기는 더 힘세고 순합니다. 그 놈들은 덩치가 크고 심원하며 아주 아름답습니다. 영화로 옮길 수 있는 물고기. 그런데 저 깊은 곳에서 헤엄치는 물고기는 한두 종류가 아닙니다. 대상으로 존재하는 모든 것은 가장 깊은 곳으로부터 나옵니다. 당신은 의식을 확장하면 할수록 그 원천을 향해 더 깊이 내려갈 수 있고, 더 큰 물고기를 잡을 수 있습니다.

― 데이빗 린치의 빨간 방 중에서

울화와 슬픔은 영화 속에서는 아름다운 것일 수 있습니다. 그러나 그것은 예술가에게는 독과 같습니다. 창조성을 옥죄는 틀입니다. 울화와 슬픔에 사로잡히면 당신은 침대에서 일어나기도 귀찮아질 것입니다. 창조적인 아이디어가 흘러넘친다는 것은 기대할 수도 없습니다.

창의적이고 싶다면 먼저 명확하게 자신을 볼 수 있어야 합니다.

아이디어란 생각입니다. 뭔가 불현듯 떠올랐을 때 당신이 별것 아니라고 여겼더라도, 만약 계속 머릿속에 남아 있다면 그것이 바로 아이디어입니다. 그 최초의 순간에 아이디어는 일종의 섬광과 같습니다. 만화에서는 어떤 사람이 아이디어가 떠올랐을 때를 전구가 반짝 켜지는 것으로 표현합니다. 실제 삶에서도 아이디어는 순식간에 생겨납니다.

영화 전체의 아이디어가 한꺼번에 떠오른다면 더할 나위 없이 좋을 것입니다. 그러나 대부분의 경우 전체가 아닌 조각만 떠오릅니다. 최초의 아이디어는 조각과도 같습니다. 그것은 나머지가 어떠한지를 알려주는, 퍼즐의 최초 조각입니다. 영화의 나머지를 떠올릴 수 있게 해줄 가능성을 내포한 첫 번째 퍼즐 조각인 것입니다. 당신은 아주 작은 조각에 불과한, 최초의 아이디어와 사랑에 빠져야 합니다. 그러면 나머지는 시간이 지나면서 저절로 풀려나갈 것입니다.

아이디어에서 욕망은 미끼와 같습니다. 낚시를 할 때, 당신은 끈질기게 기다려야 합니다. 바늘에 미끼를 꿰어 던져 놓고 나서 마냥 기다려야 합니다. 욕망은 다른 아이디어를 끌어들이는 미끼입니다.

두려움

모든 인간의 내부에는 순수하게 진동하는 의식의 바다가 있습니다. 욕심으로부터 초월하게 될 때 당신은 순수한 의식의 바다로 잠수해 들어가야 합니다. 의식을 확장하면 당신은 깊은 곳에서 아이디어를 떠올릴 수 있게 됩니다. 실제로 창의력은 깊은 곳에서 흘러나옵니다.

누구도 알 수 없는 것이 두려움입니다. 두려움은 거리낌 없이, 당당하고 버젓하게, 뻔뻔스럽게 찾아오는 불가해한 불청객입니다. 두려움의 원인을 밝히는 데에는 모든 가능성이 고려되며 사소한 영역에까지 이르는 모든 문제가 그 촉매가 될 수 있습니다.

모든 이유에 모든 결과라니, 이토록 광막한 해석만이 가능한 두려움의 씨앗은 그래서 모호한 안갯속에 제 몸을 숨기고 있는 살쾡이이기도 합니다. 그러나 그 원인에 대한 무책임하다 싶을 정도의 추정은 차치하고라도 두려움이라는 것은 재난에 가까운 현상임이 분명합니다.

삶은 추상적인 것들로 가득 차 있습니다. 우리는 오직 직관에 의지해 어느 것이 앞이고 어느 것이 뒤인지를 가려낼 수 있습니다. 직관은 해결책을 보는 것이고, 그 해결책을 보고 아는 것입니다. 또 직관은 정서와 지성이 함께하는 것입니다. 이러한 직관은 모든 작가에게 필수적입니다. 직관은 자신 속으로 잠수해 들어감으로써 예리해지고 확장될 수 있다고 믿습니다. 우리 각자의 내부에는 의식의 바다가 있는데, 그곳은 해결책의 바다이기도 합니다.

당신이 그 바다, 그 의식 속으로 잠수해 들어갈 때 직관은 더 생생해집니다.

어떻게 자신을 알 수 있을까? 거울을 들여다본다고 자신을 알 수 있는 것은 아닙니다. 앉아서 자신과 대화를 함으로써 알 수 있는 것도 아닙니다. 그것은 자신의 내부에, 내부에, 내부에 있습니다. 의식이 성장하게 된다면 마침내 깨달음을 얻을 수 있습니다. 그것은 모든 이들에게 열려 있는 잠재력의 최대치입니다.

이미지의 빛

인간은 오랫동안 너무도 발달한 시각 덕분에 허상의 궁전에 많은 것을 바쳐왔고 바칠 것입니다. 나는 본다, 그래서 존재한다. 는 화두는 옛 현자들에 의해 깨어진 지가 어언 수천 년 전이건만 오히려 시간이 흐를수록 이미지는 인간을 잡아먹어 갑니다. 우리는 이미 가상의 이미지를 진짜처럼 여기는 것이 습관화되었고 동시에 훌쩍 버리는 시절이 되었습니다.

그것은 마치 더 새롭고 강렬한 이미지를 받아들이기 위한 뇌 용량 확보로 보입니다. 테크놀로지는 이제 표현 못 할 것이 없어 보이고 그 정점을 추구하는 할리우드는 과거의 유산—신화를 표현하는 대서사극의 제작에 몰두하고 있습니다. 그리고 경이적인 광경들에 대한 관객의 반응은 점점 무디어갑니다. 그 기술적—이미지적인 상호 간의 경쟁은 마치 전쟁 같습니다.

영화는 전쟁이 되었습니다. 이미 영화의 진실성에 대한 문제는 이차적인 것이 되어갑니다.

영화는 속도입니다. 우리는 인류의 멸망을 우리가 죽기 전에 게시판에서 먼저 보게 될지도 모릅니다. 그 순간, 혹은 그 순간에야 우리는 죽은 것을 확인하게 될 테니 말입니다.

소멸의 아름다움

죽음은 인간을 속박하기도 하고 자유롭게도 합니다. 항상 늙고 병들고 삶을 끝내는 조그마한 무덤 자리를 벗 삼아 흙으로 돌아갈 수밖에 없는 작은 존재가 인간이라는 것을 의식하는 순간, 세상사의 많은 번뇌로부터 벗어나기 쉬워집니다.

인간은 누가 지정해주지 않아도 죽음이라는 한계 앞에서 어떤 식으로든 자신의 살아가는 방식을 규정해야만 합니다. 죽음을 예비하고 살아가는 인생은 달리 생각하면 더 당당해지고 더 초월해질 수 있는 기회를 제공하는 것일 수도 있습니다.

우리는 실존인물을 통한 신화로서 죽음에 대한 두려움과 불안과 슬픔을 이겨내기 위해 그들을 버팀목으로 삼았습니다. 인간은 죽음 앞에 허무하게 스러져간 나약한 존재임을 되새기면서 죽음이라는 명제

앞에 자신의 삶을 가다듬어 봅니다. 그리고 이것이 현재를 살아가는 나에게도 빠짐없이 그대로 적용될 수 있음에 오히려 안도합니다. 삶에 대한 생각은 결국 죽음으로부터 비롯되고 그것에서 영원히 풀려날 수 없는, 비통하게 고민하기보다는 순순히 받아들인 채 현재의 삶에 순응하는 것이 최선일 수도 있을 것입니다. 죽음은 큰 울림으로 말하고 있습니다. 그것은 현실에 비굴하고 정체된 자세가 아니라 자신에게 유한하게 주어진 시간 속에서 자연의 섭리를 기억하며 자신을 겸손히 하고 더욱 더 용감히 살아가라는 명령입니다.

나무는 이미 죽어버린 나이테 중심부가 뼈대로 줄기를 버티어주고 나이테 바깥층에서는 새로운 생명이 돋아납니다. 인간의 삶도 그와 같아서 지금 지나는 이 시간이 결국은 앞으로의 삶을 버텨주는 뼈대가될 것입니다. 다시 돌아올 수 없는 이 시절을 다시 살아갈 수는 없어도, 이후의 삶은 항상 이 젊은 날의 기억과 경험에서 벗어날 수 없습니다. 하지만 반드시 얻어야만 하는 확실한 결론이나 결과는 존재하지 않습니다. 쇠락과 죽음은 부끄러워할 일이 아니라, 생의 증거로서 감사를 표현해야 하는 선물입니다.

빛과 소금

영화 조감독 면접을 하면 대부분 '영화가 좋아서'라고 대답을 합니다. 영화감독은 영화를 보는 곳이 아니라 만드는 사람입니다. 영화를 좋아하면 시네마테크로 가면 됩니다. 영화감독은 관객들보다 반걸음 앞서서 그들이 무엇을 생각하는지를 찾아내 영화를 만들어내는 사람입니다. 늘 일을 생각하고 관객의 입장에서 생각하고 그들의 삶을 조금이라도 윤택하게 하려면 당신이 어떻게 해야 하는지를 설명해야 합니다. 하지만 무엇보다 중요한 것은 이런 일을 즐겁게 할 수 있는지가 가장 중요합니다.

이상하게도 영화라는 상품에 대해서는 뭔가 고상해야 한다는 강박관념 같은 것이 있습니다. 그런데 여기에서 주의할 점은 관객의 눈높이에 맞춘다는 것이 영화의 수준을 낮춘다는 뜻이 아니라는 점입니다. 특정 예술영화나 실험영화는 관객이나 평론가들도 이해하기 어려울 수 있지만 전체적인 차원에서 본다면 관객들이 감독이나 평론가들보다 훨씬 수준 높은 경우가 많습니다.

관객들이 지금 필요로 한다고 해서 준비를 하면 이미 늦습니다. 영화는 아무리 빨리 준비해도 수개월 이상 걸립니다. 그래서 관객들이 앞으로 어떤 영화를 필요로 할 것인지에 기획과 고민의 초점을 맞춰야 합니다. 그래서 영화관에서의 관객 흐름 보다는 영화 이외의 상황을 다각도로 점검해야 합니다.

성공한 수많은 사람의 공통점 가운데 하나가 바로 자신의 인생에 대한 뚜렷한 비전과 사명을 적은 사명 선언서를 갖고 있다는 점입니다. 그것은 각자 개인이 갖고 있는 삶의 목적과 존재 이유를 캐내는 일이기도 합니다. 나의 사명은 세상에 빛과 소금이 되는, 가치 있는 영화를 만들어 편견과 무지가 없는, 깨어 있는 세상을 만드는 것입니다.

진정 나의 영화를 선택한 사람들이라면 현실의 삶 속에서 다양한 경험을 하게 하고 균형을 찾게 해야 합니다. 그런데 그 균형은 자신의 내부에 있습니다. 우리는 어떻게 자신의 삶에 비어있는 경험의 공백을 스스로의 선택으로 채울 수 있게 될까요?

결국 '자신의 삶을 이해하려는 시선만 있다면' 자신에게 필요한 경험을 차곡차곡 채워나갈 수 있습니다. 그리고 언젠가는 그 경험들을 회의할 수밖에 없는, 삶의 어긋남에 직면하는 순간이 올 것입니다. 삶을 이해하기 위해 가장 필요한 경험입니다.

충만한 삶에 놀라고 기뻐할 때 느닷없이 다가오는, 불필요하지만 절박한 회의, '이 삶이 과연 내 것이 맞는가?' 두려워도 도망쳐서는 안 됩니다. 끝까지 그 회의를 붙들고 늘어진다면 그 놀라움과 기쁨이 내 것이 될 것입니다.

상처의 치유

째깍째깍... 우리의 등 뒤에 붙은 시계태엽은 계속 누군가에 의해 되돌려집니다. 무슨 일을 해낸다 싶으면 드르륵, 다시금 태엽은 감기고 우린 거기에 맞춰 행동할 수밖에 없습니다. 당신은 그 시계태엽을 아직 등 뒤에 붙이고 있는가요?

어떤 영화를 보면서, 그 안에 주제를 포착하기란 쉽기도 하고, 어렵기도 합니다. 우리에게 있어 영화란 무엇일까요? 영화는 우리 존재에 달라붙은 수많은 상처의 흔적이기도 합니다. 내 몸 안에 자리 잡은 상처가 영화의 모든 무게를 만들어냅니다.

불확정적이고 불안정한 공식으로서의 삶은 영화 속에서 상처 그 자체인 것처럼 보입니다. 불안한 현실은 아무 상관이 없다고 여기는 우리에게 잔인한 속성-공포와 허무-을 완성시킵니다.

근대 과학이 낳은 합리성과 객관성은 인간의 사고를 보다 이성적으로 형성시키는 데 영향을 미쳤지만 그 반대편에 자리 잡고 있는 '정신'적인 것들은 점차 도외시되기 시작했습니다. 그 정신이란 사물의 본질과 인간이 가지고 있는 객관적이지 않은 직관, 그리고 세계를 구성하는 상상력입니다. 이들과 관계된 순수 영화는 결국 인간의 삶으로부터 떨어져 나갔고 대중 사회가 만들어 놓은 토양 위에서 멸시의 대상으로 규정되었습니다. 그리하여 영화 예술은 자연을 모방하는 일종의 기술로써 치부되었고 심지어는 일부 평론가들과 마니아들에 의해 향유되는 모조품으로 전락해버린 것입니다.

영화의 불안과 건조함은 대립 항에 놓인 것들의 불균형으로부터 기인합니다. 현실적으로 양립이 불가능해진 것에 공생의 기회를 주는 것이야말로 앞으로 우리가 세워나갈 영화의 지표가 될 것입니다. 인간이 가진 형상적 의미뿐만 아니라 내적 의미까지 통찰할 수 있을 때 우리는 그 무의미 속에서 영화의 참된 의미를 찾게 될 것입니다. 그리고 그 과정은 예술을 통해 우리 앞에 천천히 하나씩 나타날 것입니다.

누구에게나 고통과 불면의 밤은 찾아옵니다. 다음 날 아침에 눈을 뜨지 않기를 바라는 날들도 찾아옵니다. 아침에 일어났을 때, 눈을 뜨자마자 와락 외로움이 밀려오기도 하고, 내가 이대로 영영 외롭게 지내진 않을까 두려움이 밀려오기도 합니다. 친구로부터 상처를 받는 날들도 있고 연인과 이별하는 아픔을 겪는 날들도 있습니다. 매일 반복되는 일상에 지리멸렬함을 느끼는 날들도 찾아오고, 직장에서 일에 치여 터벅터벅 퇴근길을 맞이하는 저녁들도 찾아옵니다. 그럴 때마다 사람들은 저마다의 치유법을 찾아내어 그 고통을 극복하려고 합니다. 극복하지 않고는 이 치열한 삶들을 견뎌낼 수가 없기 때문입니다. 누구는 술을 마시고 누구는 맛있는 걸 먹습니다. 누구는 친구와 수다를 떨고 누구는 거울을 보며 울고 누구는 잠을 잡니다. 나 역시 이 모든 방법을 동원해 유쾌하지 못한 감정들을 치유하기 위해 노력합니다. 그리고 때때로 나는 치유하기 위해 영화를 봅니다. 아니, 그보다는 영화를 보다 보면 치유가 된다는 것이 맞을지도 모르겠습니다. 우리는 살아있는 동안 자신이라는 짐, 그 무게를 온전히 받아들이며 살 수밖에 없습니다. 그 무게를 약간 줄일 수는 있다지만 그 짐 자체를 덜 수는 없는 일입니다. 그렇다면, 우주 전체의 존재에 달라붙은 수많은 영혼, 그 모든 영혼의 기운을 어깨에 짊어진 '영화'란 무엇일까요?

상상력의 비밀

창작은 자아에 대한 확고한 의지와 타인에 대한 존엄성, 생명의 고귀함, 그 사이에서 움터 나오는 삶의 숨 가쁜 절정입니다. 창작이 강하다는 얘기는 더 이상은 어떠한 관계로든지 타인과의 접촉을 통해 상처받기 두려워하지 않는다는 뜻이기도 합니다. 그것은 곧 잘려나간 나무로의 회귀, 일상적 삶과의 불협화음, 어떤 방법을 써도 활짝 열리지 않는 마음과 시작부터 예감하는 실패에 대한 절망에서 벗어날 수 없음을 의미합니다.

각양 각종의 영화를 좋아하면서도 결국 가장 훌륭한 영화가 무엇인가를 생각할 때면 다소 꽉 막힌 원리주의자처럼 '상상력의 무한대', '영화만이 제공할 수 있는 상상력'에 대해 생각하게 됩니다. 제게 영화란 감독과 관객의 공정한 두뇌 싸움보다는 파편적인 정보를 수집해 가면서 전체상을 만들어 가는 과정에 주목하는 것이 아닌가 생각합니다.

물론 모든 영화가 반드시 그런 매력을 발휘해야 할 필요는 없지만 박진감 넘치는 사고의 확장에는 적극 동참하면서 본격 장르 영화의 게임에는 응하지 못하는 것, 그건 아마도 영화라는 상상력의 전환을 함께 해주지 않으면 이야기 자체를 이해할 수 없는 진실을 꼭 파악하지 않더라도 질질 끌리듯 따라갈 수 있기 때문이 아닌가 싶습니다.

영화가 제공하는 서사 자체의 추동력이 잠시 걸음을 멈추고 스스로 답을 찾고 싶게 만드는 것. 이 형식은 영화의 형식이라기보다는 공상적 형식의 추리 소설인지도 모르겠습니다. 우리는 세상의 힘겨운 시선을 등에 짊어진 채 바깥에 존재하는 현실 사이에서 고뇌하고 상처받으며 살아갈 수밖에 없습니다. 이는 삶의 본질이며 인간이 생을 다 바쳐 극복해야 할 무게입니다. 그런 점에서 우리는 절망보다는 절망의 극복을 말해야 합니다.

영화는 하루일과를 마치고 피곤한 몸을 이끌고 자리에 눕기 전에 오늘 하루 수고했어요. 라고 아무도 말해주지 않아도 조금은 더 기분 좋게 잠들 수 있게 만들어 주는 존재입니다. 영화를 몰라도 아무런 상관도 없고, 영화를 보지 않아도 살아가는데 아무런 지장이 없습니다. 그렇지만, 영화를 알면 지금보다 조금 더 편안해지고 조금 더 부드러워지고 조금 더 여유로워집니다. 보지 않는 것 보다는 보는 쪽이 살아가는데 더 낫습니다. 영화는 몽환적이고 시적이며 매혹적이기 때문입니다.

영화와 교감하여 이루어지는 상상력이야말로 오래도록 사람의 심금을 울리고 미래의 방향을 제시합니다. 그것은 울림, 즉 인간과 영화가 교감함으로써 얻어내는 소통과 상생이기 때문입니다. 상상력의 알맹이가 '이미지의 형성이 아니라 사실에 있다'는 점도 알아야 합니다. 여기서 사실은 본래 속성에서 감춰진 진리를 밝히는 것과 관련이 있겠지만 궁극적으로는 막연한 사실을 버리는 일을 뜻하기도 합니다.

행동하는 눈

극한 상황에 이르면 결국 타인의 생명까지도 빼앗을 수 있을 것 같다고 말했던 친구가 있었습니다. 그러나 정작 그런 상황이 닥쳤을 때 우리는 오히려 그 상황 자체에 두려워합니다. 기껏해야 책, 영화, 다큐멘터리 정도로만 인간 삶의 극한을 '관찰'한 인간들이 끝끝내 도달할 수 없는 삶의 지점이 분명히 존재한다고 생각합니다. 설령 실제 벌어진 극한 상황을 자신의 눈으로 직접 보았다 해도, 그 상황의 본질에 도달하지 못할 가능성은 매우 큽니다. 직접 인간이 자신의 가치를 믿지 못하는 그 상황의 당사자가 아니었다면, 책으로 읽었든 자신의 눈으로 보았든 크게 다르지 않습니다.

인간은 때때로 자신의 의지와는 상관없이, 또는 기대했던 어떤 것들의 예상치 않은 빗나감으로 인해 남은 삶에 대한 희망을 송두리째 빼앗겨버리기도 합니다. 그 잃어버린 삶은 누구에게서도 보상받을 수 없습니다. 운명이라고 생각했던 인연은 뒤조차 돌아보지 않고 자신을 떠나버리고 진실한 사랑이라 믿었던 순간의 달콤함은 결국엔 한갓 나른한 오후의 짧은 꿈에 지나지 않았음을 깨닫게 됩니다.

역사와 사회가 인간을 극단적인 시련으로 몰아넣은 수많은 사례를 우리는 '알고' 있습니다. 그리고 여전히 그 사례 혹은 그것들을 포괄하는 거대한 사건의 진상을 알고 싶어 합니다. 물론 단순한 지적 호기심 때문만은 아닙니다. 그런 시련을 알아가는 노력은 같은 인간으로서 일종의 의무이자 그런 부조리를 반복하지 않는 노력의 시작이기 때문입니다. 하지만 분명히 기억해야 할 사실은 타인이 몸으로 겪은 시련을 우리가 눈과 머리만으로 겪을 수는 없다는 사실입니다. 우리가 그들의 시련을 제대로 읽거나 보았다면, 인간이 자신의 한계를 시험당하는 극한이 무엇인지 이해한다고 말할 수는 없습니다.

우리 주위의 누구나 흔히 겪을 수 있는 시련도 그들 본인이 초래한 시련도 아닌, 부조리한 권력과 사회에 의한 극단적인 시련을 관찰자가 자신의 것으로 만들어주는 작품은 애초에 존재할 수 없습니다. 극한 상황의 정밀하고 구체적인 묘사와 표현은 애초에 누구나 그 시련을 '알게' 해줄 뿐이지, 그것이 시련에 직면한 개인에게 얼마나 큰 상처였는지 '겪게' 해줄 수는 없습니다. 심지어는 창작자 본인이 그 상황을 직접 겪지도 않은 경우가 허다한 마당에, 관객들이 당신의 작품을 보고 그런 시련의 본질을 깨닫겠다고 달려드는 것은 만용에 가까울지도 모릅니다.

극한 상황을 알 수는 있어도 이해할 수는 없는 이유는, 그것이 경험한 인간 각자의 개인적인 체험이기 때문입니다. 영화는, 살아 있지 않다면 그것은 이미 영화가 아닙니다. 감독은 대상을 마음과 가슴으로 선택해 촬영해야 하며, 지금까지의 모든 경험을 바탕으로 셔터를 눌러 표현할 준비를 해야 합니다.

인생이란 엄숙하고, 정확하게 말하자면 가장 희한한 사건입니다. 그 안에는 실재의 정수를 갖고 있습니다. 영화를 만듦으로써 오히려 나는 그 무엇에도 도달하지 못합니다. 내가 만들고자 하는 유일한 것은 마음의 신기한 상태에 대한 기록입니다. 나는 감히 이것이 또 다른 내면에 숨어 있는 충동이 아닐까 생각해봅니다.

내가 만약에 좋은 감독이라면 언제나 박스오피스 1위를 차지하는 영화를 만들기보다는 누군가의 가슴을 움직이는 조용한 영화를 만들고 싶습니다. 그렇다면 그것만으로도 나는 내가 무엇을 하든, 거기에서 가치를 느끼게 될 것 같습니다.

보통 영화 이야기를 할 때 하는 말이지만, 내용과 형식은 둘이 아니라 하나다. '어떻게'는 '무엇' 만큼 중요하고, 둘은 떼어놓을 수 없습니다. 훌륭한 감독들의 재능 중에서도 특히 존경스러운 것이 바로 많은 사람이 어렴풋이 느끼거나 대충 접해보았거나 막연히 떠올리고 있던 어떤 체험을 적확한 표현을 통해 끄집어내어 관객으로 하여금 마치 그 체험과 직접 맞닥뜨리기라도 한 듯 전율케 하는 능력입니다. '말도 안 되는' 소재를 다루더라도 그것을 웃어넘기는 대신에 손에 땀을 쥐고, 또 등골이 서늘해지는 기분을 맛보면서 보게 하는 건 그저 환상적인 이야기들에 대한 관객의 욕구 때문만이 아닐 것입니다. 그건 영화가 어떤 경우에라도 인물들이 체험하는 공감각적 감각들, 그리고 그러한 감각을 받아들이고 분석하는데 기반이 되어주는 그들의 일상사를 깊이 이해하려고 노력하고 있기 때문입니다.

삶을 과거의 지나간 시간으로 얼버무리는 대신에 그걸 쉬이 눈을 돌려버릴 수 없는 자신의 체험으로 공유하고 그 속에 표현된 감정들을 얼마간 공유하게 만드는 것. 바로 영화입니다. 당신이 묘사한 장면들을 보고 있노라면 주먹이 꼭 쥐어지고 몸이 부들부들 떨리기도 하고 그 와중에 어떻게든 진실을 규명하고 타인을 살려보려고 하는 이들의 절망감에 눈물도 흘립니다. 내가 실제로 겪은 일은 아니지만, 정말 그런 일이 벌어진다면 사람들이 어느 정도는 그렇게 행동하리라는 믿음이 생기기 때문입니다.

아름다움

관객을 불편하게 만드는 기술은 영화의 고전적인 미덕 중 하나였습니다. 그것은 관객으로 하여금 스스로에 대한 타자화의 과정을 겪게 만들기도 하고 영화의 상업적 충격요법으로도 쓰이며 가장 단순한 경우로는 영화 자체가 엉망이었을 때 관객이 느끼는 감정이기도 합니다. 그래서 의도된 불편함이란 상당히 친숙한 개념이기도 합니다.

불편함에 대한 관객의 직접적인 반응은 찬반논란으로 드러납니다. 극단적이거나 분명한 방법론, 혹은 주제를 선택한 결과물에 대해서 관객이 보일 수 있는 입장은 대부분의 경우는 지지하거나, 거부하거나의 양자택일입니다. 우리는 비판자들의 리뷰 대부분에서 영화의 평이함과 긴장감 부재를 불만으로 얘기하는 것을 확인할 수가 있습니다. 이것은 어떻게 보면 정확한 지적이기도 합니다. 그리고 그 부분에서 감독에 대한 이해에 의한 지지와 상업영화로서의 비판이 갈리는 지점이라고 할 수 있습니다.

미, 즉 아름다움입니다. 우리 인간이, 바라보는 것만으로도 감탄과 숭배를 자아내게끔 하는 것들을 표현하는 형용사, '아름다운'이라는 말을 언제부터 사용했고, 아름다운 존재의 기원은 어디서 시작되었을까? 꽤나 거창하고 난해한 질문입니다. 하지만 우리는 단지 '미'라는 개념이 한 존재의 아름다움으로만 결정되는 것은 아니라고 생각합니다.

'미'라는 개념은 그 반대의 혹은 '미'의 범주에서 벗어나는 '추'라는 개념에 의해 결정되기도 하니까요. 또한 '미'라는 것이 그 존재가 자신의 형태와 쓰임에 알맞게 쓰인다면 그것 또한 '아름다움'이기 때문에, 역설적으로 '추' 또한 '미'라는 사실을 알게 됩니다. 아름다움은 시대에 따라 변합니다. 또한 문화적 위치에 따라서도 변하기도 합니다.

현재에 이르러서 그런 차이에 대해서 벌이는 논쟁은 무의미해졌는지도 모릅니다. 영화는 영화인 것이고, 그것으로 족합니다. 결국 진정한 영화감독이라면 자신의 한계와 그것을 돌파할 힘을 알고 있어야 합니다. 스타일이란 것이 파고들고 파고들어 정형화되면 결국 매너리즘에 사로잡히기 마련입니다.

무릇 인간이란 서로를 죽이는 일에 너무도 열심히 몰입하는 존재라 문명의 역사는 곧 전쟁과 살인의 역사임에 틀림없습니다. 기술의 발전은 곧 얼마나 많이, 혹은 효율적인 죽음을 수행해낼 수 있는지 연구한 끝에 얻어진 부수적인 결과라 해도 과언이 아닐 정도였습니다. 폐허 앞에서 사람들은 희망과 절망에 몸서리칩니다. 왜 인간은 서로를 물어뜯는 전쟁을 해야만 할까요.

전쟁은 모든 것의 부딪침과 깨어짐입니다. 서로가 서로를 죽이고 모든 감정이 서로의 죽고 죽이는 혈투 속에서 어우러지는 것입니다. 그 과정은 추악하고 더러운 개싸움입니다. 전쟁은 그 피해자들과 전혀 관계없는 명분으로 벌어지지만, 정작 사라져 가는 것은 수많은 사람의 목숨입니다. 전쟁은 모든 아이러니와 역설이 벌어지면서도, 그러한 것들은 전쟁이라는 특수 상황 속에 묶이어집니다. 전쟁은 개인에게 발작적인 히스테리와 육체적 상실 그리고 도려낼 수 없는 무서운 기억을 남깁니다. 더 이상 떨쳐낼 수 없는 기억 앞에 모든 인간은 절망하고, 그 후유증에, 처절하게 정신이 파괴되어 갑니다. 전쟁의 역사는 승리자의 역사입니다. 더 좁게 말하자면, 전쟁은 승리자의 기록입니다. 패배자의 역사는 철저하게 무시되어지거나 부가설명 정도에 지나지 않습니다.

승리자의 기록은 한 권의 굵직한 책이라면, 패배자의 기록은 대개

한 줄 혹은 한두 문장 정도로 취급당합니다. 패배자들의 불평등하고 고난 했던 '잔혹사' 는 마치 허공에서 사라져 버립니다. 에두아르도 갈레아노가 말한 것처럼, "말하지 않는 역사는 없다. 아무리 역사를 불태우고 찢고 속일지라도 인간의 역사는 침묵하길 거부한다."

우리 인류는 어느 순간에, 전쟁이라는 찐득한 참혹상을 떨쳐버리고 완전히 새로운 오늘과 미래를 맞이할 수 있을까요? 그것은 전후 세대와 전쟁세대 간의 이해가 우선되어야 할 것입니다. 전쟁이 우리에게 주는 단 하나의 유효한 교훈이란 더 이상 그런 일이 벌어져서는 안 된다는 것입니다.

그림자

무 자르듯이 똑 떨어지는 영화가 있는가 하면, 은유와 환유로 점철된 영화가 있습니다. 메시지가 너무 강해 촌스러워 보이거나, 메시지가 있기는 한 건가, 하고 의심을 하게 하는 영화도 있습니다. 너무 옛날 이야기여서 와 닿기 힘든 영화가 있는가 하면 너무 오늘의 이야기여서 가슴이 벌렁대게 하는 영화도 있습니다.

"우리가 서로 접촉할 때 생기는 많은 변화, 서로의 삶에 미치는 영향은 매우 천천히 일어납니다. 또한 다른 사건, 우연한 만남이 미치는 영향과 뒤섞입니다. 우리가 뿌린 많은 씨앗은 여러 해 동안 눈에 보이지 않을지 모릅니다. 지금 싹이 트고 있더라도 말입니다. 따라서 우리는 믿음을 가지려고 노력하지만 날마다 마주치는 현실 속에서 믿음이 점점 줄어드는 것은 어쩔 수 없습니다." 믿음을 잃어갈지도 모르는 많은 사람에게 중요한 것이 무엇일까요.

영화 속에는 다양한 인물들의 군상과 가족 이야기가 나옵니다. 그들의 이야기 속에는 빠지지 않는 어둠의 그림자가 나옵니다. 우리는 숲에서 길을 잃고 한참 따라가다 보면 그게 자기 그림자라는 것을 알게 됩니다. 그림자가 일어나는 사람들, 우리들의 이야기를 그림자를 통해 묘사하여 그 그림자의 의미를 찾는 일이 영화의 진정한 핵심입니다.

그럼에도 불구하고 삶이라는 영화 속에서 인생이 늘 계획대로 진행되는 것은 아닐 것입니다. 부지불식간에 무언가에 발목이 잡혀 이리저리 한세월 이끌려 다니기도 하는 게 세상살이일 터. 정말 그렇습니다.

가끔 살면서 하게 되는 말. 젠장, 난 왜 이따위로 살고 있는 거지? 지금의 난 이런 모습이어서는 안 되는 건데, 그때 그렇게만 하지 않았더라면, 혹은 그때 그렇게 했더라면 하는 후회들. 나는 언제나 목표가 앞에 있다고 생각하며 살았습니다. 그 이외의 모든 것은 다 과정이고 임시라고 여겼고 나의 진짜 삶은 언제나 미래에 있을 거라고 믿었습니다. 그 결과 나에게 남은 것은 부서진 희망의 그림자뿐이었습니다. 하지만 초라하면 초라한 대로 찌질하면 찌질한 대로 전 제게 허용된 삶을 살아갈 것입니다. 제게 남겨진 상처를 지우려고 애쓰거나 과거를 잊으려고 노력하지도 않을 것입니다. 아무도 기억하지 않겠지만 그것이 곧 제 삶이고 나의 역사이기 때문입니다.

영화의
자화상

영화의 자화상

고통의 자화상

우리가 흔히 생각하는 고통의 모습은 어디까지나 그 시련에 대한 객관적인 정보일 뿐입니다. 우리는 그런 정보를 양적으로 꾸준히 축적하고, 자신은 타인의 고통을 충분히 이해하고 있고 그에 공감할 수 있는 인간이라며 만족해합니다. 우리가 흔히 고통의 사실적이고 적나라한 표현을 진정성 있다고 생각하는 것도 그 때문입니다. 하지만 그런 작품은 실상 그 인간들이 받은 고통이 어땠는지를 누구에게나 알기 쉽게 설명해주고 있을 뿐입니다.

우리가 그들의 고통을 한눈에 알아보고 눈물 흘릴 수는 있어도, 고통이 그들에게 남긴 상흔을 같이 느낄 수는 없습니다. 고통이 원인이자 집단으로 파악되는 순간, 결국 하나의 지식이 될 뿐입니다. 사람들은 흔히 진실성과 진정성을 위해 보편적으로 이해할 수 있는 고통, 적나라하고 선명한 고통이 그려져야 한다고 말합니다. 하지만 우리가 접근하는 대상이 고통 그 자체가 아니라, 시대와 사회로부터 '인간이 받은' 고통이라면 우리는 그들에게 보편성과 선명함을 지상 명제로 요구할 수 없습니다. 그들은 우리를 이해시키고, 가르치기 위해서 그런 고통을 받은 것이 아니라 우리가 인간의 존재가 의심받는 고통을 이해하기 위해 도달할 수 없다는 자기 인식이 선행될 때입니다.

인간은 피부를 쓰고 있을 때에만 인간입니다. 피부를 벗겨내고 해부하면 우리가 알고 있는 모든 것과는 전혀 다른 모습, 곧 이해할 수 없는 상태로 드러납니다. 하지만 그것이 바로 인간의 본질입니다.

행복한 삶에 관해 이야기하고자 합니다. 소크라테스, 에피쿠로스, 세네카, 몽테뉴, 쇼펜하우어, 니체 등의 철학자 등을 통해 삶을 살아가는 데 있어 필요한 적절한 위안들을 말해줍니다. 그 위안들은 물론 행복한 삶을 꾸려나가는데 필요한 것들이기도 합니다. 사실, 돈 많은 사람들이 모두 다 행복한 게 아니라는 걸 알고 있으면서도 난 지금 돈이 없어서 불행해, 라는 생각을 얼마나 많이 했던가요. 돈만 있으면 행복하겠지 하는 생각이 얼마나 어리석은 것인지. 그리고 우리에게 정말 중요한 것은 물질적 풍요가 아니라 정신적 풍요라는, 당연하지만 미처 수긍하지 못했던 그 사실을 이해가 되도록 만들어 줍니다.

우리는 흔히 텔레비전, 음악과 소설 같은 대중매체들이 더 강력한 이미지를 제공할 것으로 생각하지만, 정보 과잉의 시대에 '영화야말로 뭔가를 신속하게 파악할 수 있는 방법이자 그것을 간결하게 기억할 수 있는 형태'인 것으로 간주합니다. 영화에 관한 가장 일반적이면서도 광범위하게 퍼져 있는 오해는 그것이 '현실'이라고 믿는 데 있습니다. 영화를 바라볼 때 우리가 너무나 쉽게 영화를 찍는 사람의 주관적인 가치 판단을 배제해버립니다. 영화가 '현실에 관한 해석'임을 쉽게 간과해버리는 것이지요.

우리가 무엇보다 주목해야 할 것은 영화는 이미지 외에 어떠한 정보도 제공해주지 않는다는 점입니다. 폭력을 담고 있는 영화는 우리에게 잊히기 힘든 충격을 제공하는데는 성공할 수 있으나, 그것이 어떤 맥락에서 이루어진 일인지 좀처럼 알기 힘듭니다. "서사는 우리가 뭔가를 이해하도록 만들어 줄 수 있다. 그러나 영화는 뭔가 다른 일을 수행한다." 이미지 외에는 어떠한 정보도 제공해 주지 않는 영화는 오히려 잘못된 정보를 제공할 위험마저 안고 있습니다.

영화가 우리의 일상을 증명이라도 해주는 것처럼 우리는 우리의 삶을 카메라 속에 담습니다. 영화는 우리 삶의 일부가 되고, 우리는 그것을 통해 지나간 시간을 상기합니다. 수잔 손택의 말처럼 "시간이 흐를수록, 기억한다는 것은 어떤 이야기를 떠올린다는 것이 아니라 어떤 향수를 불러낼 수 있다는 것이 되어버렸다." 그런데 문제는 그녀의 지적처럼 우리가 향수만을 기억한다는 데에 있습니다. 영화와 관련된 사실은 쉽게 잊힌 채, 영화의 충격성만 기억의 구조를 형성하게 됩니다.

　우리는 잔혹한 폭력이 담긴 영화를 보며 사람들이 느끼는 반응이 꼭 이성적이지만은 않다는 점을 알아야 합니다. 오히려 타인의 고통을 즐기는 이도 존재한다는 것입니다. 그렇지 않고서야 잔혹한 처형을 담고 있는 동영상을 일부러 찾아서 보기까지 하는 사람들을 어떻게 설명할 수 있을까요. 바로 그것은 고통을 둘러싼 우리 시선에 들어 있는 관음증적 경향입니다. 타인의 고통을 보려는 욕망은 아주 오래된 것입니다. 이제 전쟁 사진도 사람들의 그 오래된 욕망을 충족시키게 되었습니다. 흔히 연출되었다고 알려진 유명한 전쟁 사진에 실망하는 사람들의 모습은 타인의 고통을 보려는 욕망으로 뒤덮인 우리의 자화상입니다. 우리는 타인의 고통을 단순히 오락 거리로 소비하는 시대를 살아가고 있는 것입니다.

神의 시선

우리는 인간의 정신을 매우 위대한 것으로 생각하기 때문에 그것으로 인해 우리가 멸시당하거나 정신이 존중받지 못하면 참지 못합니다. 인간의 모든 행복은 이 존중에 달려 있습니다.

하지만 우리는 무한한 것의 존재를 알지만 그 본질은 모릅니다, 넓이는 있어도 한계는 없습니다. 우리는 신의 존재도 본질도 모릅니다, 신은 넓이도 한계도 없기 때문입니다.

인간이 무엇인지를 탐구하지 않고 사는 것이 초자연적 맹목이라면 신을 믿으면서 악하게 사는 것은 가공할 맹목입니다. 한 인간의 능력은 그의 노력에 의해서가 아니라 그의 일상적 삶에 의해 측정되어야 합니다.

영화는 사건과 감정들이 복잡하게 뒤섞인 순간을 영상 이미지로 기록해 내는 놀라운 힘을 가지고 있습니다. 영화는 "무엇을 찍을 것인 가가 아니라, 무엇을 어떻게 찍을 것인가가 중요합니다."

그러면 신의 시선으로 바라본 영화는 어떠할까요. 소박하면서도 간 단한 이미지로 신이 세상을 바라본 인간의 삶을 그려내는 영화. 그런 영화는 신의 시선을 빌렸기에 우리가 미처 느끼지 못했던 삶에 관한 진실들을 포착해 낼 수 있을 것입니다. 우리 자신의 삶을 이야기하는 데 다른 누군가의 시선은 매우 중요한 것입니다. 신의 시선이기 때문 에 당연할 수도 있겠지만 소박한 이미지들은 때때로 더 큰 감동을 주 기도 합니다. 온몸으로 부딪치며 살아가는 인간의 모습이, 그 치열한 삶이 소박한 영상들 속에서 빛을 발합니다. 그리고 그것은 그저 한 발 짝 겨우 담고 있으면서 쉽게 힘들어하는 인간의 삶과 비교되어 더더 욱 그렇습니다.

신은 견딜 수 없음에 대해, 그 힘든 과정에 대해 이런저런 불평들을 늘어놓지 않습니다. 우리는 인간으로 태어난 걸 자연스럽게 받아들인 것처럼 자신의 삶이 이러저러해서 힘들다는 것을, 그 힘든 것을 자연 스럽게 받아들여야 합니다. 체념이 아니라 수긍의 그 과정이 자신의 한없는 약함을 극복하는 힘입니다.

신의 시선으로 보다 보면 생의 슬픔과 마찬가지로 삶의 눈부신 아름다움도 느낄 수가 있습니다.

모든 고대문명의 예술이 종교예술로 가능했다는 점을 고려한다면, 영화 역시 신을 형상화하는 데 가장 많은 에너지를 쏟아 부었음이 틀림없습니다. 그러나 신이 인간과 동형이며, 신을 표현하는 것은 곧 인간을 표현하는 것이라는 사실은, 신앙과 종교마저 그리스 인간 중심적인 자연주의 예술로 나아가도록 고무했음을 뜻하기도 합니다. 그것은 영화의 타고난 운명이기도 합니다.

예술은 늘 새로운 형식을 추구하게 됩니다. 새로운 예술의 창작은 내용에 형식을 부여하는 것이 아니라, 재료를 그 누구도 아직 시도하지 않은 새로운 방식으로 처리하는 것입니다.

미학적 관점에서 보자면, 영화에 우연의 요소들을 끌어들인다는 것은 아마도 해결하는 것 못지않게 많은 문제를 양산하는 것입니다. 그것 때문에 나는 비평가들로부터 많은 혹평을 스스로 자초했습니다. 나는 나 자신을, 가장 엄격한 의미에서의 사실주의자로 생각합니다. 우연은 현실의 일부입니다. 우리는 끊임없이, 우연의 일치가 가진 힘들에 의해 형성되며, 우리 모두의 삶에서 생각할 수 없을 만큼 뜻밖의 일들이 일어납니다. 그런데도 영화는 상상을 지나치게 멀리 펼치지 말아야 한다는 것이 널리 지지되는 관점입니다. '그럴듯하지 않아' 보이는 것은 뭐든 반드시, 억지스럽고 인위적이고 '비사실적인' 것으로 받아들여져야 한다는 것입니다. 나는 그러한 사실들이 판에 박은 틀 속에 너무도 깊이 잠겨 있어서 왜곡된 현실감이라 생각합니다. 그런 영화들에서는, 모든 것이 독특함을 빼앗겨버린 채, 매끄럽게 정리되어 뻔한 인과의 세계 속에 집어넣어 평범한 관객이라도 누구나 그러한 리얼리즘이 가짜라는 사실을 이해할 것으로 생각합니다. 다른 식으로 표현하자면, 진실은 허구보다 더 가짜 같다는 것입니다. 우리가 좇고 있는 것은, 삶의 이상만큼 허구와 진실 사이에서 공통의 관심사를 써내는 것이 아닐까, 생각합니다.

사랑은 영혼을 잠식한다

　모든 사람에게 어린 시절이 있듯이 누구에게나 사랑은 아련합니다. 사랑을 규정하는 것은 개인의 선택이지만 애틋함이나 간절함은 누구에게나 홍역처럼 앓게 되는 법입니다. 사랑은 방식도 다양하고 그 향기와 빛깔도 다르지만 소중한 기억으로 신화화하려는 노력은 비슷합니다. 사실 사랑은 의도적인 노력이 아니라 다시는 돌아올 수 없는 시간에 대한 헌사이기도 합니다. 사랑은 누구에게나 그렇게 아득한 꽃잎처럼 흩어져 내리는 법이니까요.

　영화가 사회적, 경제적 현실을 타개하도록 직접 도와줄 수 있다고 생각해본 적은 한 번도 없었습니다. 단지 영화는 감정을 고양시키거나 위안해줄 수 있다고 생각했을 뿐입니다. 나 자신이 사회적, 경제적인 한계 상황에 처해본 적이 없었다는 사실과 항상 내 감정이 영화와 뗄 수 없는 관계라는 사실이 결합한 까닭이기도 합니다. 내 감정이 영화와 가까워질수록 예술의 역할은 오직 이뿐이라는 생각도 함께 강해졌던 셈입니다. 그런 내게 이 작품은 한 인물의 놀라운 변화의 이야기 정도가 아니었습니다. 이것은 그동안 내가 도저히 알 수 없었던, 하지만 언제나 내 곁에 있었던 영화, 그것의 가장 놀라운 면모에 대한 이야기였습니다. 영화는 한 사람의 인생의 삶을 바꾸었고, 그들이 사회를 보는 시야를 바꾸고 넓혔으며, 그 결과 새로운 사회가 구성되고, 낡은 사회는 변화됐습니다.

사랑은 순결한 영혼과 타락한 육체의 정신분열입니다. 인간의 욕망은 관리되고, 탈주는 봉쇄됩니다. 사랑은 죽거나 혹은 사라져버렸습니다. 사랑은 점점 시시해지거나 또는 섹스 때문에 하는 거짓말이 되어버렸습니다. 그럼에도 불구하고 영화는 계속해서 사랑에 매달립니다. 사랑이 없다면 영화는 그 어떤 감정도 담을 수 없을지도 모릅니다. 또는 그 반대로 사랑을 통해서만 영화는 시대정신을 담을 수 있는 건지도 모르겠습니다. 사랑을 하는 자는 누구나 영원한 소년이자 소녀입니다.

영화는 망각과 혼란, 너무나 뜨거워서 수증기가 되어버린 욕망의 사랑입니다. 하지만 시간 위에 드리운 거대한 구름처럼, 사랑은 내밀한 욕망을 주워담습니다.

빈 배로 흘러간다는 것이 바로 사랑입니다. 사랑에는 목적지가 있을

리 없습니다. 어디에 도달하기 위한 보행이 아닙니다. 사랑이란 사랑 그 자체로서 최고의 것입니다. 사랑이 어떤 다른 목적의 수단일 수는 없는 것처럼 말입니다.

그러나 생각하면 사랑에 대한 우리의 관념만큼 잘못된 것은 없습니다. 영원히 지나가고 다시 오지 않는 사랑은 없습니다. 몇 천 년의 시간을 건너뛰어 지상에 그 모습을 드러내는 고분의 주인공은 차치하더라도 우리는 까맣게 잊었던 과거의 사랑 때문에 다시 고통받기도 하고, 반대로 작은 등불처럼 우리의 마음에 자리 잡고 있는 불안을 몇 년이 지난 후에나 깨닫게 되기도 합니다. 사랑에 대한 우리의 관념은 매우 허약하고 잘못된 것입니다.

영화에서 사랑이란 없습니다. 아니, 사랑이 존재하는 건 아무것도 손에 넣을 수 없습니다. 인간은 죽은 다음에야 자신의 죽음을 찾아 헤매고, 하나의 빛으로부터 또 다른 빛을 향해 이동해 마침내 우연히 죽음을 만나게 되기 때문입니다.

영화의 詩

영화란, 단지 새롭기 때문에 아름다운 것은 아닙니다. 현재 많은 감독이 새로운 것에 마음을 빼앗겨 그 안에서 자신의 가치와 정당성을 발견하려고 하지만 그것은 잘못된 것입니다. 새롭다는 것이 중요한 것은 아닙니다. 중요한 것은 오직 하나입니다. 사물의 내부로 파고 들어가 그것을 더욱 뛰어나게 창조해내는 것입니다.

시에 영구적인 생명을 부여하는 것은 불명료함과 모호함에 의한 상당히 의도적인 유희입니다. 그것은 영화에서 보여준 것처럼 상상과 현실 사이에 있는 마술적인 형상입니다. 그러나 어떠한 시적 표현으로 다루었든지, 영화는 평화로운 세상을 향한 주술입니다.

시를 예찬하는 이유는 간단합니다. 그것은 인간의 육체와 영혼을 긍정하는 위대한 의식이기 때문입니다. 자신의 영혼과 세상을 긍정하는 자만이 시를 쓸 수 있고 춤추는 자만이 대지를 진정으로 신뢰할 수 있습니다. 요컨대 삶을 사랑하는 자는 춤추려는 열정을 숨기지 못합니다.

인간의 기억이란 정말 이상야릇합니다. 현실적으로 필요하고 중요한 일은 자꾸 잊어가면서 쓸모없는 것 같은 하찮은 일은, 서랍 속에 잔뜩 챙겨놓곤 하니 말입니다.

영화들 속에서 중요한 것은 이미지가 아닙니다. 중요한 것은 인간의 꿈이 만들어내는 인상입니다. 이미지들은 중요하지 않습니다. 그것들은 결과에 불과합니다.

인간이란 결국 기억을 연료로 해서 살아갑니다. 그 기억이 현실적으로 중요한지, 아닌지는 예술과는 상관없습니다.

우리의 눈에 비쳤다고 생각한 것은, 단지 눈의 착각이었는지도 모릅니다. 창문을 통해 쏟아져 들어오는 빛이 무언가의 작용으로 흔들리고, 그 움직임이 유리면에 반사된 것뿐이었는지도 모릅니다. 상징을 이용하여 영화를 그리는 것은 옳지 않습니다. 만일 예술작품이 완전한 진실성을 갖춘다면, 상징적 의미는 자연스럽게 내재될 것이기 때문입니다.

죽음

　감독들에게 죽음은 매혹적인 소재입니다. 그렇지만 감독 스스로 자신의 죽음에 이르면 문제는 달라집니다. 우리는 흔히 아름다운 작품을 남긴 감독들의 죽음을 마치 그들이 남긴 작품처럼 아름답게 상상하려 합니다. 그렇지만 죽음이란 늘 우리의 기대를 벗어나는 법입니다.

　영화는 죽음을 소재로 여러 사람의 마음속으로 들어가 그들 삶의 마지막 순간을 매혹적으로 재현해냈습니다. 죽음을 주제로 한 여러 빛깔의 시 같은 느낌이 들 정도로, 다양한 죽음의 빛깔이 변주되었습니다. 하지만 아무리 생각해보려 해도, 도무지 알 수 없을 것 같은 것이 '죽음'일지도 모릅니다.

　우리는 흔히 죽음의 고통도 아름다운 작품들을 남긴 예술가들에게는 비켜가는 것으로 생각하곤 합니다. 그들이라면, 더 아름답게 죽지 않았을까 하는 조금 어처구니없는 기대들. 그렇지만 그들은 누구보다도 더 고통스럽게 죽어갔습니다. 시인 릴케는 흔히 알려진 것처럼 장미 가시에 찔려 죽은 것이 아니라 백혈병 때문에 죽었는데, 죽음에 다다랐을 때 그는 고통을 못 참을 정도로 힘들어했습니다. 시인다운 죽음을 맞고 싶어서 진통제까지 거부했던 릴케는 자신의 몸을 가리켜 "고통이 넘기는 사전"이라고 표현하기도 했습니다. 고통에조차 은유법을 쓸 수 있는 릴케였지만, 그가 남긴 마지막 말은 '공포'와 '욕망'이었습니다. 이렇듯 죽음의 고통은 시인의 아름다운 욕망을 무참히 짓밟습니다. 모파상에게 죽음은 더욱더 고통스러운 절차였습니다. 또 다른 모파상을 마주한 순간부터 모파상의 삶은 죽어가기 시작했고, 그가 정신병원에서 숨을 거두기까지 그는 자신의 죽음을 이미 목격했는지도 모릅니다.

그러니 죽음에 대한 깊은 사색을 도와주는 작품을 만나기란 어려운 일입니다. 사실 우리가 감동받은 작품들은 대부분 죽음을 두려워했고, 죽음을 이해하지 못했습니다. "난 죽음을 갈망해"라고 외치기도 했던 하이네에게 있어서도 죽음이란 '기분 나쁜 여인숙' 같은 것이었습니다. "나는 죽는다."라는 말을 모국어가 아닌 독일어로 말하고 죽은 안톤 체호프에게 죽음은 '외국어' 같은 것이었을지도 모릅니다.

우리가 여러 예술가의 죽음을 아름답게 상상하고자 하는 욕망처럼,

또한 우리도 자신의 죽음을 아름답게 꿈꿉니다. 하지만 죽음은 그리 예술적이지 않습니다. 우리는 자신의 죽음도 예술가들의 작품처럼 완벽하게 종결짓고 싶어 하지만, 그리고 아름답게 매듭짓고 싶어 하지만 죽음은 늘 예상치 못했던 방식으로 우리를 덮칩니다. 사람들 눈에 띄지 않는 곳에서 조용히 죽고 싶었던 스탕달이 사람들이 붐비는 큰길가에서 죽었던 것처럼 말입니다.

죽음은 늘 예상치 못했던 방식으로 그렇게 다가오지만, 그래도 마지막 서명은 미리 생각해둘 수 있습니다. 작가들이 자신의 묘비명에 관심을 갖는 것은 아름다운 매듭에 대한 욕망 때문일지도 모릅니다. 아름다운 묘비명은 작가를 기억하는 마지막 메타포가 됩니다.

릴케는 시 속에서 죽음을 맞고 싶었습니다. 그는 마지막으로 남긴 두 단어는 하나는 '비참함'이고, 다른 하나는 '아름다움'입니다. 하지만 두 단어 모두 실제로 그가 마지막으로 적은 말은 아니었습니다. 릴케가 마지막으로 남긴 두 단어는 '공포'와 '욕망'이었습니다

"나는 늘 두 길 중 어느 쪽을 선택해야 하는지를 알고 있었지. 그렇지만 그 길을 선택하지 않았어. 너무 어려운 길이었기 때문이야." 비극이 원하는 것은 바로 이런 것입니다. 당신이 공포와 연민을 느끼되, 어둠에 감정을 느껴 포기하기를 원하는 것 말입니다.

시간

우리는 종종 영화의 수사학만으로는 설명되지 않는 영화들과 마주치게 됩니다. 그는 영화에 관한 어떤 문법이나 참조 틀을 사용하지 않았습니다. 종종 영화가 아닌 영화들이 있습니다. 영화의 역사는 고작 1백 년이지만, 영화를 만드는 우리 문화의 역사는 수 천 년을 넘는 것입니다. 1백 년이 고작인 지식으로 영화를 만드는 창조의 비밀을 이해하려는 것은 참으로 속 좁은 편견일지도 모릅니다.

시간은 추억이 아니라 역사입니다. 시간은 언제나 그것을 작동하는 사람의 세계관을 반영합니다. 자, 그렇다면 시간은 누구를 응원하고 누구를 공격하고 있습니까? 시간은 유감스럽게도 숨길 수 없는 진실의 순간입니다.

삶을 살면서 겪어나가는 많은 일들. 그 속에 때론 울고 또 때론 웃으며 우리 인간들이 놓치고 지내는 것은 무엇일까요. 그것은 나의 '자아의 신화'를 예비한 우주의 언어에 귀를 기울이지 않은 나머지 그저 그렇게 보내버리는 시간일 것입니다. 그렇게 일상적인 시간을 우리는 물 버리듯 그냥 흘려보내기 일쑤입니다. 시간은 그냥 내 곁에 머무는 것이 아니라 내 인생의 향방을 알려주는 '표지'로서 존재하는 것이고 내가 깨어 있어야 그것들을 인식할 수 있으리라는 건 두말할 나위가 없습니다. 무엇이 되는 게 아니라 이미 내 속에 정해진 것을 찾아 나가는 것이 바로 인생이라는 것을 알게 되었지만 말입니다.

저를 감상주의자로 취급한대도 상관없습니다만, 저는 자연의 아름다움은 개인이나 사회의 정신적인 성장에 아주 중요한 역할을 한다고 생각합니다. 인간이 만들어낸 인공적인 어떤 것으로 이 세상의 천연적 특성이 시시각각 대체될 때마다 우리의 정신적인 성장은 그만큼 지연된다고 저는 믿습니다.

어쩌면 현실에 있을 법한 일을 종이 위에 옮기는 소설가나 감독이라는 직업을 가진 사람들은 현실과 상상력의 모호한 경계에 놓이게 되는지도 모르겠습니다. 누구는 상상을 뛰어넘어 현실을 직접 반영하고 싶은 욕구에 시달리게 될 수도 있고. 그럼에도 우리에게 더 흡인력을 가지게 하는 것은 상상력을 마음껏 발휘한 가상의 세계인지도 모르겠습니다.

가끔 참 신기합니다. 인간의 심성을 뼛속까지 꿰뚫을 것 같은 냉정하고 통찰력 있는 이야기들을 자유자재로 구사해서 보는 사람으로 하여금 정말 무섭다 못해 섬뜩한 느낌이 들게 하니까 말입니다.

상상력

어떤 영화도 감독에게 가장 근본적인 문제, 자신에게 얼마나 정직하게 영화를 만드느냐, 하는 문제에서 진정으로 자유로울 수는 없습니다.

하늘 아래 새로운 것은 없습니다. 다만 새로워 보이는 것만 있을 뿐입니다. 물건이야 전에 없던 것들이 날마다 새롭게 만들어지지만, 세상 사는 이치는 조금도 변한 것이 없습니다. 정말 새로워 보이는 것도 따지고 보면, 옛것을 적당히 바꿔 새롭게 보이는 것일 뿐입니다.

"거창한 말로 세상을 비판하지 않아도, 난해한 이미지로 철학을 설파하지 않아도 그 이상의 깨달음을 자연스럽게 얻도록 하는 것, 그것이 작품이 지닌 힘입니다." 상상력의 저변에는 살아간다는 것에 대한 철학, 신과 인간과의 관계에 대한 고찰, 문명에 대한 냉소적인 서늘한 분석 등이 작용합니다. 한 자 한 자 서술하지 않아도 내 정신에 이미지로

각인되게 하는 힘이 상상력입니다.

영화는 그림 한 점에서 느껴지는 감상들을 바탕으로 마음껏 상상력을 펼쳐 그 무엇을 구현하는 세계입니다. 그저 세상만을 말하는 것이 아니라 그 속에 담길 수 있는 그 시대의 사회구조와 생활상들, 사람과 사람 사이에 오갈 수 있는 마음 저변의 짙은 감정들을 세세하게 드러내 보여주는 것입니다.

영화를 본다는 것은 그 영화에 감독의 어떤 메시지가 담겨 있는지를 알아내야 하는 시험이 아닙니다. 살아가야 한다면 그 삶을 지탱하는 건 그 누구도 아닌 나임을 잊지 말아야 합니다. 다른 무엇으로 자꾸만 나를 가리지 말고 내 안의 소리에 귀 기울이고 그 장단에 맞추어 잠시 빌린 육체를 춤추게 하여야 합니다. 그것이 바로 상상력과 영화의 힘입니다.

소통

'세상은 당신이 보는 그대로입니다' 영화도 마찬가지입니다. 시선에 따라 같은 영화라도 해석은 달라집니다. 그 차이는 어떤 때는 아주 미묘한 것에 불과할 수도 있지만, 어쨌든 차이가 있습니다. 분명히 그 차이를 만들어내는 것은 관객이라는 점입니다. 영화를 사람들이 어떻게 받아들일지는 아무도 알지 못합니다. 그러나 당신이 만든 영화를 사람들이 어떻게 받아들일지에 대해서 신경을 쓰거나, 영화가 사람들의 감정을 상하게 하거나 이러저러한 효과를 보지 않을까 염려한다면 당신은 영화를 더 이상 만들지 않아야 합니다. 그냥 당신이 좋아하는 영화를 만들어야 합니다. 아무도 그다음에 무슨 일이 일어날지 알 수 없기 때문입니다.

속박되지 않는 광활함을 깨닫는 것. 그러한 것이 행복입니다. 작은 것에 갇히면 행복은 존재하지 않습니다. 요즘은 어떤 직업을 택하든 사람과의 관계가 매우 중요합니다. 물론 직업이 없더라도 가정 내에서 건 교우관계에서건 대부분 경우에서 사람과의 교감이 중요한 시대에 우리는 살고 있습니다.

영화도 관객에 따라 전혀 다른 형태와 모습으로 받아들여지는 것이 당연합니다. 주인공을 통해 잃어버린 시간이 아니라 무너져 내린 자신의 기억 속, 가슴의 공간을 안타까워할 수 있기 때문입니다. 그것이 작품과 나 사이에 공유할 수 있는 유일한 것일지도 모릅니다.

단 하나의 기억, 단 하나의 경험이 어긋난, 그것은 때로 치명적인 상처가 되고 세상과 화해하지 못하는 결격 사유가 됩니다. 지극히 일상적인, 어디서나 볼 수 있을 것 같은, 누구나 한 번쯤 경험했을 이야기들을 통해 감독은 관객들에게 끊임없이 사소한 일상과 비루한 삶을 중얼거립니다.

사람들은 하루하루 서로 다른 생의 목표와 즐거움을 찾아 떠나기도 하고 지루한 일상을 견디기도 하며 내일 혹은 희망이라는 목표를 향해 살고 있는지도 모릅니다. 나와 상관없이 벌어지는 현실 세계를 유리창 밖의 이야기처럼 바라보기도 하고 뜨거운 열정과 가슴 뭉클한 감동으로 생의 한순간을 살아내기도 합니다. 길고 짧다는 지극히 상대적인 개념으로 우리의 인생을 이야기할 수는 없습니다. 다만 그것을 바라보고 느끼고 살아내는 것은 영화가 아니라 현실 속의 우리며 그것이 바로 나 자신입니다.

사회조직이란 어차피 어떠한 대가를 바라고 일을 하는 사람들의 집합체이기도 합니다. 그것이 명예가 되었건 돈이 되었건 사람들은 그 속에 몸담아 일정한 시간과 노력을 투자하여 원하는 것을 얻고 있습니다. 다 똑같이 운영되는 조직으로 보일지라도 중장기적으로 발전하는 조직의 특징은 구성원들의 자발성에 근거함은 물론입니다. 구성원들의 능력을 최대한 살려주고 질적인 성장을 유도하며 그들이 의견을 펼칠 수 있는 장을 허락하는 조직일수록 일할 맛 나는 곳이고 따라서 발전 가능성이 큰 조직일 것입니다. 한마디로 칭찬이라는 것은 사람들에게서 자발적인 참여를 유도하는 가장 좋은 방법이 될 수 있습니다.

'소통'이란 하나의 주제에 대해 서로 다른 생각을 하는 사람들이 각자의 주장을 펼치면서 합의를 이루거나 공통의 이해 기반을 넓혀 가는 과정입니다. 이렇게 하주 간단한 정의지만 '소통'까지는 아니더라도 공통의 이해 기반을 넓혀가는 토론 과정이 얼마나 어려운지 우리는 절감하고 있습니다.

소통의 벽을 넘는 곳에서 사회의 발전은 시작된다고 믿습니다. 나는 당신의 말에 동의하지 않는다. 그러나 나는 당신이 그 말을 할 수 있는 권리를 지키기 위해 죽을 때까지 싸울 것이다. 볼테르의 말처럼 제발 이제는 최소한 '말할 권리'만이라도 갖고 살아야겠습니다. 가장 중요하게 생각하는 것은, 역시 사람이고 또한 사람과의 의사소통입니다. 나는 이 점에서 많은 동감을 합니다. 어떤 식으로든 실행의 주체는 사람이어야 하고 사람을 제대로 양성하고 그들이 능력을 발휘할 수 있도록 지원하며 적절한 위치에 적절하게 배치할 수 있도록 정확하게 파악하는 것이 중요합니다. 사람에게 기울이는 노력은 아무리 많아도 넘치지 않습니다.

최근 사람과 사람 사이의 의사소통이 중요하게 되면서 예전의 강압적이고 권위적인 리더십을 탈피하고 상대의 의견을 존중하면서 그 사람이 가지고 있는 잠재력을 최대한 끌어낼 수 있도록 하는 '친절한' 리더십이 강조되고 있습니다. 하지만 많은 사람이 원하는 것이 항상 정답일 수는 없습니다. 정치 제도가 아닌 일상적 문제 해결 방식은 더욱 그러합니다. 막강한 권력이나 독재자도 개인이 아닌 집단 앞에서는 끝까지 버텨내지 못합니다. 배려하고 연대하고 함께 참여하는 일은 역사의 교훈으로부터 이끌어온 산 교훈입니다.

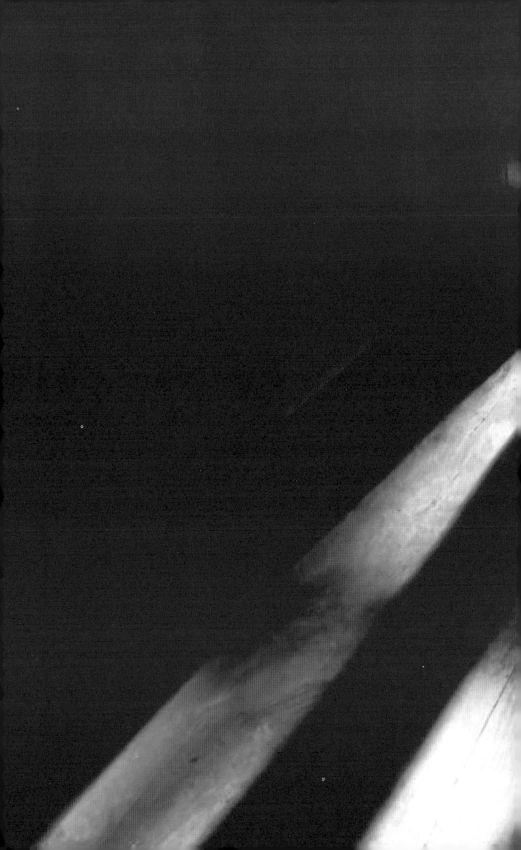

취향과 선택

    말로든 글로든 우리는 살아가면서 끊임없이 누구를 설득합니다. 물건을 파는 사람부터 사랑하는 사람에게 자신의 마음을 고백하는 사람까지 모두가 마찬가지입니다. 자기 생각을 다른 사람에게 이해시키고 자신의 주장에 동의하도록 하는 특별한 방법이 있다면 누구나 한 번쯤 관심을 갖게 됩니다.

    철학과 논리학은 친척입니다. 아니, 철학을 위한 도구로서 논리학은 역할과 의미를 함께 지닌 형제이기도 합니다. 철학이 사람과 세상에 대한 연결이듯이, 사물과 언어에 대한 성찰도 그것을 가능하게 하는 도구로서 훌륭한 역할을 합니다. 설득은 논증이라는 단순한 이야기부터 시작하기 때문에 고개를 끄덕이며 귀 기울이게 됩니다.

    살다 보면 우리는 의도하지 않은 말과 행동을 하게 됩니다. 사람은

누구나 시행착오를 거치면서 배우고 성장합니다. 하지만 실수와 실책은 조금 성격이 다릅니다. 실수는 부정확한 데이터로 인해 발생한 단순한 오류지만 실책은 문제 해결을 시도하기 전보다 사태가 더욱 심각해지는 것을 의미합니다. 단순한 오류가 아니라 올바른 판단이라고 믿었지만 사태가 더욱 심각해지는 경우도 있습니다. 우리는 모두 실수도 할 수 있고 실책도 할 수 있지만 그것을 대하는 태도는 각기 다릅니다. 하지만 단순한 착각이나 실수도 정확한 판단이라고 생각하는 인지 함정에 빠지면 자신의 믿음으로 변합니다.

인지 함정은 다양한 이유로 발생하지만 가장 빈번하게 일어나는 원인은 감정이입과 상상력의 결핍 두 가지입니다. 상상력은 우리가 세계를 다각적으로 파악할 수 있도록 해줍니다. 나와 타인의 삶이 어떻게 서로 다를 수 있는지를 고려할 수 있게 하고, 자신과 타인의 행동이나 가치관이 다르다는 것을 거부하지 않고 오히려 배려할 수 있게 해줍니다. 상상력이 마음에 깃드는 것이라면 감정이입은 가슴에 깃드는 것입니다. 감정이입은 타인이 어떻게 느끼고 있는지를 느낄 수 있도록 도와줍니다. 다른 사람의 감정으로 들어가서 그들의 내면 깊은 곳의 반응을 경험하는 것입니다.

감정이입과 상상력이 결합되어 열린 마음으로 상황을 판단하고 다양한 관점에서 문제를 해결할 수 있는 통찰력을 키워야 합니다. 폭넓은 독서와 다양한 문화적 경험, 타인에 대한 배려와 이해, 정확한 상황 판단 능력 등이 요구되지만 이 모든 것을 갖춘 사람은 많지 않습니다. 전문가의 견해라고 해도 대부분의 경우 지식의 바탕으로 한 객관적이고 정확한 판단이 아닐 수 있다는 경고를 귀담아들어야 합니다. 무엇보다 중요한 것은 자신이 생각하는 방식입니다. 나의 기준과 생각을 정해놓고 틀에 맞추는 것은 아닌지, 항상 쉽고 명쾌한 답을 원하는 것은 아닌지 살펴봐야 합니다. 유연한 사고를 통해 문제 해결 능력을 키울 수 있는 방법은 우리들의 '생각'에 있습니다.

사람들은 자신에게 중요하지 않은 것들은 무시하려는 경향이 있습니다. 우리가 어떤 대상을 지각하는 방식과 남들이 그것을 지각하는 방식이 다를 수 있다는 점을 생각하기란 본능적으로 어렵습니다.

집착은 변화하는 세계를 인정하고 받아들이는 것을 방해하는 인지 함정이기도 합니다. 이는 대상이나 현상에 폭넓은 시각으로 접근해야 할 필요가 있을 때 우리의 상상력이 작동하지 못하게 만듭니다. 집착에 빠진 사람은 세계가 근본적으로 유동적이라는 점을 받아들이지 못하고 주변의 변화에 진지하게 접근하고 적응하는 대신 변화에 저항하고 맙니다.

문화는 단순한 취향의 문제가 아닙니다. 특정 지역이나 사회에서

습득된 가치나 기호는 개인의 선택과 무관한 문화적 취향이 됩니다. 어떤 곳에서 어떤 음식을 먹고 어떤 도구를 사용하며 어떤 의식을 갖고 사느냐에 따라 사물을 보는 태도와 관점이 달라집니다. 문화는 사람들의 의식을 규정하는 틀이며 사회의 변화방향을 예측할 수 있는 풍향계의 역할을 하기도 합니다. 일상에서 만날 수 있는 습관적인 행동과 즐겨 먹는 음식, 재밌는 놀이가 모두 문화가 됩니다. 사람이 먹지 않고 살아갈 수는 없습니다. 무엇을 어떻게 왜 먹느냐에 따라 기후와 풍토를 살펴볼 수 있고 사람들의 기질과 풍습을 이해하기도 합니다. 어떤 음식이든 우리가 먹는 것은 독특한 문화를 형성하고 그 문화는 한 사회 구성원들의 결속을 다지기도 하며 세상을 살아가는 방법과 관점을 만들어가는 토대가 되기도 합니다.

영화를 보고 난 뒤 무슨 의미인지 잘 이해하지 못하겠다고 말하는 사람들이 가끔 있습니다. 그러나 그들은 자신들이 깨닫는 것 이상으로 많은 것을 이해하고 있다는 것을 알지 못합니다. 왜냐하면, 우리는 직관이라는 귀중한 능력을 갖추고 태어났기 때문입니다. 어떤 사람들은 음악을 도통 이해하지 못하겠다고 말합니다. 그러나 사람들은 대부분 음악을 정서적으로 경험하며, 음악이 일종의 추상이란 점을 이해하지 못합니다. 음악을 곧바로 언어로 바꿀 수는 없습니다. 그냥 음악은 음악이고 들으면 됩니다.

영화는 음악과 비슷한 점이 많습니다. 영화는 아주 추상적일 수 있습니다. 그런데 사람들은 영화에서 지적인 의미를 찾아내려는, 영화를 말로 바꾸려는 열망을 지니고 있습니다. 그래서 그렇게 하지 못할 때 좌절감을 느낍니다. 하지만 자신이 아는 것을 소리 내어 말하면 알고 있는 바가 더 명확해집니다. 영화에서 뭔가를 보았을 때, 좀 더 그것의 정체를 명확히 보려고 애쓰는 것이 좋습니다. 그러다 보면 어떤 결론에 이르게 될 것입니다. 그것만으로도 의미 있는 일입니다.

눈동자

새롭게 산다는 것, 새 삶을 산다는 것, 작은 확률이지만 지리멸렬한 불행한 관계들로부터 우리 삶은 자유로울 수 있을까요. 스스로 독립적이고 세상의 조롱에 의연할 수 있을까요. 이 시간에도 곳곳에서 삶은 겹치고 말은 반복되고 눈물과 웃음이 동시다발로 일어납니다. 새롭게 살고 싶어 삶의 공간을 바꿔보지만 어디선가 언젠가 살았던 그 삶의 뒷모습은 감추지 못합니다.

세상에는 영화의 고수가 많습니다. 하지만 양과 질적인 측면에서 골고루 영화 보기에 성공하는 사람은 그렇게 많지 않아 보입니다. 영화 보기에서 고수라는 말이 어울리지 않고, 그 목적과 방법에 따라 달라질 수 있는 문제이긴 하지만 단순히 한 분야의 고수는 영화 보기의 고수라 하지 않고 그냥 해당 분야의 학자나 연구자 혹은 마니아라고 합니다.

인간들의 이기적 욕망과 계산적 행동에 대한 냉소는 영화가 만든 허구가 아니라 우리가 만들어낸 일그러진 자화상입니다. 아주 오래전부터 영화는 이야기의 가장 풍요로운 주제가 되었으며 인간 삶의 가장 큰 바탕이 되었습니다. 현실과 허구를 넘나들고 과거와 현재를 오가는 영화 이야기는 누구나 흥미로운 소재이기도 합니다.

　　영화는 본질적인 자아와의 만남입니다. 가면인 페르소나를 벗고 내 존재의 심연과 마주하는 것입니다. 영화를 한다는 것은 또 하나의 세계를 알아가는 과정이며 근본적으로 나를 알아가는 과정이기도 합니다. 그것은 시대에 따라 혹은 상황에 따라 개별적으로 달라질 수 있는 취향이 아니라 흔들리며 피는 꽃처럼 위태롭게 자신의 정체성을 찾아가는 과정입니다.

오래된 과거

신작 영화의 숲을 헤매다 보면 고전을 놓치기 쉽습니다. 현재를 말하는 수많은 영화 속에서 고전은 그윽한 향을 풍깁니다. 시간을 견뎌낸 영화, 고전은 오락을 목적만으로 보는 사람이라면 역설적으로 고전영화를 봐야 합니다. 영화를 통해 과거와 현재를 조망하고 통찰하고 싶다면 일단 고전에 관심을 가져야 합니다. 가장 안전한 영화 보기는 검증된 고전만을 골라 보는 방법입니다.

그러나 고전 영화는 쉽게 도전을 받아주지 않기 때문에 많은 시간과 노력을 투자해야 하는 번거로움이 있습니다. 견고한 체제와 정교한 내용이 어우러져 탄탄하게 구성되어 있는 영화가 바로 고전 영화입니다. 고전 영화는 영화 보기의 정수에 해당하기 때문에 나름의 방법을 정해 놓고 차근차근 봐야 합니다. 영화 보기의 즐거움을 고전을 통해 얻고 있다면 이미 고수의 길에 접어들었는지도 모릅니다.

하지만 영화 전공자가 아니면 영화 용어와 개념들 사이에서 길을 잃고 맙니다. 특히 청소년의 경우 막연하게 두려움을 느끼는 것이 고전 영화입니다. 지난 시대의 영화, 어렵고 딱딱한 영화, 재미없고 지루한 영화라는 고정 관념을 지울 수 있는 방법은 쉽고 재미있고 유익하게 풀어주는 방법밖에 없습니다.

영화 고수들의 한결같은 특징은 성인이 되기 전 이미 영화의 바다에서 자유롭게 유영한 경험을 가지고 있다는 사실입니다. 사실 영화와 무관한 분야는 없습니다. 영화는 모든 영감의 원천이며 행동의 출발이고 사상의 은사라고 할 수 있습니다.

기본적으로 철학에 바탕과 뿌리를 두지 않은 영화는 사상누각과 같습니다. 모든 문제는 결국 '인간'의 문제로 귀결되기 때문입니다. 인간의 삶과 사상의 흐름, 사회의 변화 과정을 인식하기 위한 과정이 아니라면 무릇 영화는 그저 고급인 취미와 젠체하기 좋은 겉멋에 불과할 것입니다. 그래서 영화 보기는 인생의 방향을 결정하고 세상을 바라보는 눈을 형성하며 나와 타인의 관계를 조망하는 통찰력을 얻을 수 있는 거의 유일한 방법이라고 믿습니다.

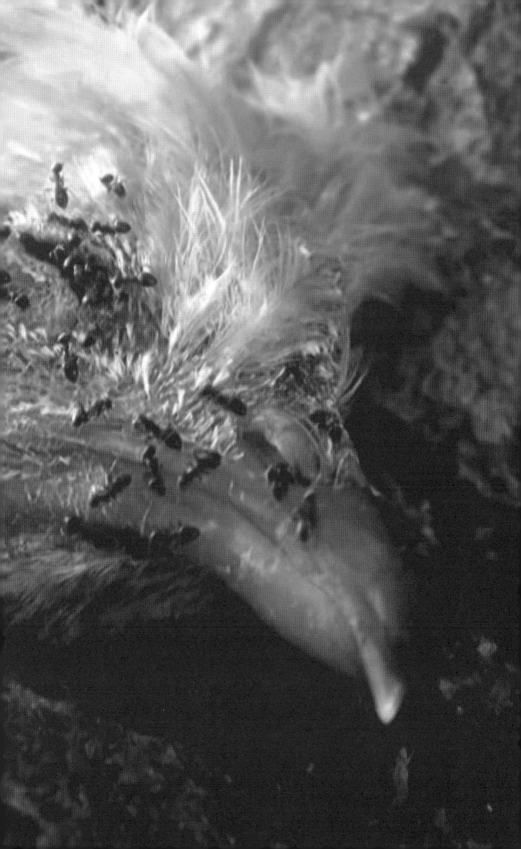

조화로운 삶

분노가 일 때는 누군가, 무언가, 세상이 나를 속이고 있다고 느낄 때입니다. 그것은 변명의 여지도 없고 복구의 여지도 없이 신뢰감이 바닥을 치는 나락으로 떨어지는, 불길한 협곡입니다. 왜 기대를 했느냐고 따진다면 할 말이 없습니다. 기대할 때는 그만큼의 여지가 있고 가치가 있고 그럴만하다고 여겼기 때문입니다. 그러나 그 모든 것이 자신의 어리석음이라고 판명될 때 분노감과 함께 몰아치는 절망감은 상상 이상이 됩니다.

조화로운 삶이란 무엇인가요? 자본주의 사회에서는 경제적인 능력이 모든 것을 말해줍니다. 사실 이런 현실을 거부할 수는 없습니다. 하루하루 반복되는 일상 속에서 우리는 늘 자신을 돌아보며 미래를 설계하고 과거를 성찰합니다. 보다 나은 내일을 위해 열심히 일하고 작고 소박한 일상 속에서 행복을 느낍니다. 아무도 불행해지기를 원하지 않지만 어떻게 살아야 하는지, 어떤 것이 행복인지 우리는 전혀 모른 채 살아갑니다. 이건 아닌데 싶지만 현실과 상황은 만만치 않으니 전혀 다른 삶을 꿈꿀 수도 없습니다. 견고한 사회 구조 안에서 개인이 선택할 수 있는 삶의 종류는 그리 다양하지 않습니다. 함께 꿈꾸고 같이 걷는 것은 말처럼 쉽지 않은 것이 우리의 삶입니다.

현재는 미래의 거울입니다.

영화,
이게
다예요?

영화, 이게 다예요?

감독의 의무

수많은 관객은 영화를 보며 감독의 목적이 궁금한 게 아니라 지나온 시간과 흘러간 세월 속에서도 변하지 않는 가치가 무엇인지 확인하고 싶어 합니다. 감독 자신은 망각의 대양에서 분투하는 하나의 조각배입니다. 망각은 감독 스스로 만든 바다이고 그 배는 자신이 조작한 기억입니다. 감독은 스스로 '진정한 죽음'이라는 '망각'을 선택하고 그것에 기억의 조작이라는 초특급 방어기제를 덧씌워 세상으로부터 완벽한 단절을 꾀합니다.

감독은 스스로를 만들어 진보하고 행진하는 존재합니다. 때로는 퇴행하는 것처럼 보여도 결국 앞을 향해 나아가는 존재입니다. 샤르트르의 말로 하자면 '있음'은 '아니 있는 것'으로 존재합니다. 수없이 자신으로부터 이탈하여 흩어져 있는 즉자존재. 이것이 타인들의 존재이며 타인으로서 나 자신의 존재입니다. 타자는 나와 격리된 존재가 아니라 나를 투영하고 내가 투영되는 상호적인 시공간입니다. 그러니 타인에 의해 영향을 받고 돌연한 상황을 빚을 수 있는 건 당연한지도 모릅니다. 타인이라는 존재는 격리된 객체가 아니라 상호보완 연대해야 하는 즉자입니다.

타인과의 관계가 상처이고 번뇌인 것은 '나 아닌 나', '또 다른 나'와의 우호적 관계 맺기가 그만큼 어려운 과제라는 말이기도 합니다. 그러나 존재가 '있음'으로 증명될 수 있는 타인은 대적할 대상이 아니라 존재가 나아가야 하는 방향이고 품어야 하는 목적이기도 합니다.

잉마르 베리히만 감독에게

그곳은 여전히 따뜻한가요. 당신이 떠나신 지 어느새 10년이 넘었습니다. 언젠가 당신에게 편지를 띄우고 싶었습니다. 오로지 살아 있는 자만이 죽음을 생각한다고 합니다. 우리는 살아 있기에 죽음을 생각할 수 있습니다. 그러므로 죽음이란, 살아있는 자만의 권리입니다.

누구보다도 생생히 살아있는 자들이 누릴 수 있는, 오만한 권리. 그러니 살아 있는 우리는 그 살아있음을 감사하든 저주하든 간에, 권리를 인정하든 인정하지 않든 간에, 죽음과 마주해야 합니다.

당신을 생각하면 마음이 짠할 때가 있습니다. 하지만 여전히 당신은 세상에서 가장 아름다운 감독입니다. 당신의 영화는 영원히 빛나는 순간입니다. 깊숙한 바닥까지 흔들어놓고 지나가 사라지지만 감흥과 여운은 온전히 남아있습니다. 당신의 영화를 볼 때마다 저에게 숨겨질 수 없는 재능들을 대할 때 저는 남몰래 한숨을 길게 내쉬기도 하였습니다. 하지만 저는 당신의 그런 재능이 내 것이라도 되는 듯 정중히 기뻐하고 흥분하기도 하였습니다. 안 되는 것들, 결코 뛰어 넘어설 수 없는 것들을 인정하면서 말입니다.

제가 당신의 그것을 가지지 못하더라도 언제라도 원한다면 영화를 통해 만나고 볼 수 있다는 사실에 감사했습니다. 하지만 지금의 영화는 모든 시선이 쉽게 느껴지던 십 년 전과는 너무도 다릅니다. 그래서 아직도 땅을 보고 걷는 버릇을 버리지 못하고 있습니다. 당신의 슬픔, 당신의 시선을 잊지 않으려 합니다. 시간과 희망과 기억이 하얗게 서 버린 지금. 현실의 발자국도 한발 더디어 갑니다.

하루의 생각은 꿈에서 시작합니다. 시나리오도 주인공도 아직은 미정이지만 그래도 영화는 시작되며 감독은 누가 뭐래도 저 자신입니다. 얼마 전부터 몇 년 뒤면 영화적으로 독립을 해야 할 시기가 다가오는 것을 느끼기 시작했습니다. 자연스레 저의 미래의 영화에 대해서도 생각하게 되었습니다. 꿈은 기억과 희망을 동시에 반영합니다. 꿈은 '길'과 반대편에 놓여있습니다. 길에서 꿈을 꾸고 꿈에서 깨어나면 또 길을 걷습니다. 오늘 일어나지 않은 일이라고 내일 일어나지 않는다는 법은 없습니다. 세상이 변하지 않을 것이라 믿었던 행복한 순간, 분명 그런 게 있지만 세상은 어느 날 잿더미로 변할지도 모릅니다.

행복해질 수 있을 것 같은 앞날을 두고 왜 제 맘 한편에는 서글픔이 밀려오는 걸까요. 이제는 추레해진 젊은 날의 꿈이 만만치 않은 세월의 강물을 타고 흘러와 이제야 이루어질 것만 같은데도 말입니다. 제가 꿈을 꾸었다면, 꿈을 이루고 싶었다면, 꿈이란 걸 놓치지?않고 있었다면, 그건 생에 대한 첫사랑이라 부를 수 있을 것임에. 뜻하지 않게도 생은 그걸 변질시키고 망각하게 하고 때로는 그것에 걸어차이게도 합니다. 변명일까요. 애초에 꿈을 꾸지도 않았다면, 무엇이 자신의 꿈이었는지도 제대로 알지 못했다면 그저 부질없는 엄살일지도 모릅니다.

곰곰이 생각해보니 그 기억이 정확한지 아닌지 잘 모르겠습니다. 취해서 가물거리는 게 아니라, 기억이, 전혀, 나지 않는 것입니다. 그 남자도, 그 여자의 이름도. 왜 생경하지. 그 새하얀 기억이 전혀 나지 않습니다.

당신의 영화들은 보통의 다른 감독들과 크게 다른 내용은 찾을 수 없습니다. 다른 감독들처럼 풍경, 인물, 사건 위주의 느낌과 욕구에 충실하다는 점 말고는 큰 차이를 발견하기란 쉽지가 않습니다. 성향적으로 당신의 영화는 유럽의 모더니즘 시대에 가까운 견고한 재현 드라마를 일구어 온 그런 영화일 수도 있습니다. 하지만 90년대 말부터 조그만 변화가 일어나기 시작합니다. 그것은 다름 아닌 스타일의 변화입니다. 대상은 일상의 이미지를 가까우면서도 가볍고 사실적이면서도 독창적인 일상의 재현 스타일을 독특하게 선보이게 됩니다.

결국 당신의 영화는 산뜻하면서도 담백 경쾌하며, 감각적이면서도 살아 있는 캐릭터와 이미지를 포착하는 데 탁월한 신선함을 발산하게 됩니다. 숨겨진 이미지를 구체적인 주제와 이슈를 가지고 시의 적절하게 대중적이면서도 미학의 품질을 훼손하지 않는, 아주 효과적으로 예술이란 무엇인지 밀도와 짜임새가 절묘하게 조화를 이루는 작품을 생산하게 되는 것이죠.

영화는 당신에겐 소수의 내밀한 곳을 더 꽁꽁 감추어 둔, 더할 나위 없는 숨바꼭질이었습니다. 당신의 작업방식은 그 누구보다 열정적이고 동시에 치열했습니다. 당신 작품은 주인공부터 작은 역할까지, 각 배역이 하나하나 살아있습니다. 쉽게 지나칠 수도 있는 작은 배역까지도 생명력을 불어넣는 것을 보며 당신의 작품에 대한 치열함과 아름다움을 동시에 느낄 수 있었습니다. 솔직히 당신께 미안하고 부끄럽습니다. 부록에 지나지 않았던 생각들. 누군가의 말처럼 영화는 감독의 뇌구조와 같은 것일지도 모르겠습니다.

저는 여전히 너무 많은 것에 관심을 가지고 있습니다. 하지만 저는 어느 곳에도 당신처럼 그런 영화를 만들 수 있는 기미가 보이질 않습니다. 아직 진심으로 제가 무엇을 말할 것이 무엇인지조차 모르겠습니다.

그러한 불안감은 젊은 시절의 유예기간에 대한 안도감으로 버텨내고는 있지만 언제나 시간이 해결해주리라는 고질적인 저의 게으름부터 고쳐야 할 것 같습니다. 최근엔 구체적인 방향을 정해나가기 위해 이것저것 알아보고는 있지만 어느 것도 결코 쉽지 않다는 것을 새삼 깨닫게 되었습니다. 하지만 전 저 자신에 대해 부정하거나 절망하지는 않습니다. 주어진 상황을 관대히 바라보는 것도 나름의 대처법이라고 말할 수 있겠지만, 솔직해진다면 그것은 마치 습관과도 같은 것입니다.

거울을 바라보는 그 순간. 내 모습이 그렇게도 초라해 보이는 사실에 고개를 깊숙이 숙여버리고 말았습니다. 끝까지 숨고 싶었습니다. 젊은 사람에게서 늙은 얼굴이 보이고, 늙은 사람에게서 젊은 얼굴이 보이는 순간, 그만큼 시간은 그들을 존중하게 만들고 마음을 숙연케 합니다. 그것은 개인의 삶을 존중하는 일이 되기도 하지만, 전부터 마냥 기쁘게 받아들이는 일들이 하나하나 다르게 느껴지기 시작할 땐, 그렇게 나의 시간도 보고 있다고 스스로에게 말합니다.

우리에게 주어진 시간은 이미 변함이 없습니다. 하지만 그 끝없는 시간의 스펙트럼 속에서도 현재는 우리의 의지와는 상관없이 여전히 계속해서 좌표를 이동해나갈 것이며 과거를 만들어가는 동시에 미래를 마주할 것입니다. 그렇다면 지금, 당신이 그려나가는 그래프의 좌표원점은 과거, 현재, 미래... 어디에 서 있는지요?

오히려 정통적이어서 신선한 느낌의 일상이라는 친숙한 세계가 새로운 시각을 통해 영화 위에서 낯선 세계로 드러나며 이러한 낯선 세계는 기이하고도 그로테스크하며 비극적이고 한편으로는 신비에 가득 찬 세계로 관객을 인도할 것입니다.

당신이 빚어낸 간소한 인물과 평범한 일상이 결국 웅장한 존재론적 상황과 마주치는, 영화적 마술에 빠져있음을 발견하게 됩니다. 침묵을 서정적으로 그려내는 당신만의 독특한 연출력과 서정적이면서도 아름다운 이미지는 영화의 분위기를 한층 더 성숙시키는 매우 아름다운 예술의 향연입니다. 나의 시작인 당신을 다시 생각합니다.

안드레이 타르코프스키 감독에게

당신이 보는 세상은 메마르고 황폐한 사막과도 같습니다. 그것은 당신이 바라보는 세상의 창이 그렇기 때문이기도 하지만 자신이 잊고 있었던 온기 어린 가슴을 기억해내는 효과를 거두기도 합니다. 절제된 대사와 세심한 동작, 눈짓 하나하나에 참 많은 이야기를 담고 있습니다. 대사가 최대한 절제되고 자연의 힘으로만 밀어가는 고집이 느껴집니다. 그것은 바람 소리 같은 신의 손길을 느껴보라는 감독의 목소리일 것입니다. 자연, 그 안에 생과 사가 모두 들어있습니다.

헤르만 헤세는 다음과 같은 글귀를 남겼습니다. "뛰어난 예술가는 첫 번째이자 가장 중요한 특징으로 언제나 자연에 대한 무한한 사랑을 품고 있다. 그는 자연이 결코 예술의 대체물은 아니지만 모든 예술의 원천이자 어머니라는 사실을 무의식적으로 확실하게 알고 있다." 또한 "예술가는 아무리 노력해도 거짓말을 할 수 없고, 자신이 지니지 않은

것을 보여줄 수 없다"고도 썼습니다. (헤세의 예술, 중)

인간 무의식에는 인류 최초의 흔적과 기억이 간직되어 있습니다. 프로이드와 초현실주의자들이 관심을 갖는 부분입니다. 당신의 영화에는 인류의 조상들이 살아왔던 삶의 초기 상태와 꿈이 여러 가지 색채와 이미지로 표현되어 있습니다.

조용한 인물, 조용한 대사, 조용한 연출 그래서 더욱 더 본질적이고 웅장한 힘의 냄새가 납니다. 당신은 크고 무겁고 어두운 공간을 우리 맘 속 가운데 홀연히 던져 놓습니다. 그러나 그 공간은 텅 비어 있는 것이 아닙니다. 그 공간에 관객들 스스로 공간의 여백을 채울 것이고 관객들 스스로 그 공간에서 사색을 여유롭게 즐기는 동시에 인간 본연의 내면을 자연스럽게 드러내기도 할 것입니다.

삶은 선택의 순간이 이어지고 그 선택의 범위는 생각보다 넓지 않습니다. 이것 아니면 저것, 매 순간 선택의 기로에서 우리가 취할 수 있는 건 극히 단순한지도 모릅니다.

'어디에도 속하지 않은 사람, 경계에 가 있는 사람'으로 표현된 존재처럼 당신은 아무것도 아니거나 전부인 어떠한 불안한 인간 내면의 경계를 세심하게 보여준 감독이었습니다. 미와 추, 현실과 꿈, 욕망과 예술, 일상과 일탈의 경계 또한 과감하게 아우른 감독이었습니다.

당신의 영화는 감동을 잔잔하게 주는 방법을 알고 있습니다. 내용도 온기 있지만 그보다 주제를 전달하는 구성력과 상상력이 좋습니다.

우리는 말의 형식이 아니라 말의 내용을 들어야 하는데 어떤 때는 형식에 얽매여 각기 다른 생각을 가지고 살아온 사람들의 의견을 애써 무시해버립니다.

세상과의 소통이라 여겨지는 많은 것이 실은 내적으로는 깊은 단절을 의미하고 있다는 것을 우리는 아마도 모른 채 살고 있을 것입니다. 말이 많을 때 실은 외로운 것임을, 홀로 있을 때 누군가 다가와 주기를 기다리고 있다는 것임을 우리는 기억해야만 합니다. 우리가 믿고 다가가고 있는 소망의 끝은 어쩜 허상인지도 모릅니다. 그러나 그 과정이 우리의 삶이고 그 안에 행복이 있다는 것을 아는 일은 오랜 시간이 걸리지 않습니다.

사람들은 뭔가 부자연스러운 것들 안에서 온갖 부조리한 것들을 만들어내고 요구하기도 합니다. 그것은 때때로 현실에 적응하며 살아가게 하는 일종의 본능의 모습일 수도 있지만 그것은 뭔지 모를 기형적인 형태이기도 합니다.

저는 인간으로부터 순간적으로 느끼게 되는 감정이나 기억된 장면, 경험들을 편집해서 상황극을 만들어 갑니다. 때론 부서진 풍경이나 폭력적인 상황들도 우리가 경험하지 못한 행동이나 의도들이 의미화되어 잘못 만들어진 결과물처럼 보이기도 합니다.

저는 상황과 결과에 주어지는 원인에 대해 매우 공격적입니다. 부조화한 현실에서 출발한 암울한 상황놀이. 정막과 긴장감의 연속인 상황들과 누군가의 공상에서 조작된 괴기스러운 현실들.

천재가 시공을 초월한다는 건 자명한 사실입니다. 당신은 그 사실에 부합하는 대표적인 영화감독입니다. 당신이 떠난 지 수십 년이 지났으나 당신은 여전히 살아있는 전설입니다. 수많은 감독이 명멸했으나 당신이 남긴 영향은 누구보다 강렬합니다. 한 시대를 풍미했던 불운의 천재라는 세간의 평가는 헛말이 아닙니다. 당신은 경외와 찬사를 한몸에 받으며 성장했으나 당신의 영화 인생이 결코 행복으로 가득했다고 볼 수는 없습니다.

당신은 '관계' 속의 인간을 꿈꿨습니다. 또한, 가족 이기주의를 넘어 공존의 가치를 체득하고 인과 예가 실천적으로 운용되는 세상을 그려내고자 했습니다. 당신의 영화는 한두 마디로 요약할 수는 없지만 현재에도 여전히 유효한 가치를 담고 있는 영화입니다. 상황과 맥락에 따라 다르게 해석되는 것이 영화이기 때문에 당신이 만든 영화는 상반된 결론에 도달하더라도 색다른 영화 보기가 될 것입니다. 현재의 관점으로 이 시대를 한 마디로 해석할 수도 없지만 시대와 상황 맥락만으로 이해해서도 안 됩니다. 당신의 이상과 가치가 어떤 방식으로 실현될 수 있으며 그것이 현재적 유용성을 가지느냐의 문제는 관객의 판단이 선행된 후에 논의될 수 있습니다.

당신의 영화는 저의 영화 보기의 등대였습니다. 어떤 영화를 어떻게 봐야 할 것인가의 방향을 제시한 것뿐만 아니라 영화를 보는 과정과 방법을 배운 영화였습니다. 깊이와 넓이를 아우르는, 진지한 사유와 성찰이 밑바탕이 되는 영화는 제가 만난 어떤 세상보다도 매혹적이었으며 아름다웠습니다.

그리고 당신의 영화를 보는 내내 말할 수 없는 공감과 감동의 물결이 밀려왔습니다. 당신의 내공은 씨줄과 날줄처럼 촘촘하고 정교한 그물처럼 짜여있습니다. 한 사람의 내밀한 영혼의 지도를 들여다보는 느낌이었습니다. 영화를 한다는 것은 자신의 뼛속까지 드러내는 일입니다. 인간의 구석구석을 탐욕스럽게 샅샅이 훑어내는 건 정말로 지독한 인간만이 할 수 있는 일인지도 모릅니다. 인간이 지켜야 할 진정한 가치와 고전의 눈부신 장면들을 함께 보고 싶었습니다. 당신의 수많은 영화가 빛을 발하는 이유는 바로 냉정하고 합리적인 이성과 날카로운 비판정신 그리고 따뜻한 감성이 어우러졌기 때문입니다. 찔러도 피 한 방울 나지 않을 것 같던 당신의 내면이 무참히 무너지면서 눈물을 흘리던 단 한 번의 순간 '세상은 왜 내 뜻대로 되지 않지? 사랑마저도..' 그런 적개심과 분노로도 가득 차 보였습니다. 당신이 영화 속에서 가장 강조하는 것은 '생명에 대한 경외감'일 것입니다. 이것이야말로 당신 영화의 본질이자 세상의 항변입니다.

오, 다르덴

산다는 것은 상상할 수 없는 신비로운 것이라는 막연함으로, 눈물 대신 나는 담담한 표정으로 극장을 나왔습니다. 그날은 가장 추하고도 화창한 날이었습니다. 사실 그 사건은 그때 우발적으로 일어난 게 아니라 오래전부터 일어나고 있었습니다. 아무 일도 일어나지 않는 듯 무슨 일이든 일어날 것만 같았던 날, 눈부신 하늘은 파랗게 높이 널렸고 흰 구름 두둥실 무심하게 흐릅니다. 점차 짙어지는 하늘에 전신주가 불길한 예감으로 걸려있습니다.

대사는 절제되어 있고 카메라는 섬세하면서도 과감합니다. 느리거나 빠르게 완급을 두며 펼쳐지는 이야기 전개에 피드백을 이용한 스토리 불러오기가 감각 있고, 결말의 충격이 가슴 저릿합니다. 가족의 의미는 물론, 더 넓은 범주로 관계의 의미를 생각해 보게 하는 영화입니다. 세상의 공기를 마시며 어느 순간부터, 꿈속처럼 아련하지만 언뜻 언뜻 느껴지는 따뜻했던 손길과 눈빛, 의미 있는 추억의 장면들을 떠올리며 숨을 고르기 시작합니다. 놀라운 진실을 알게 된 후 분노의 짐승은 꼬리를 감추기 시작합니다. 거짓과 비밀이 오로지 자신을 보호하기 위함이었다는 사실, 자신에 대한 사랑을 지키기 위함이었다는 사실에 가슴이 미어집니다.

이렇게 지독하게 비극적이고 냉혹한 이야기일 줄 몰랐습니다. 엔딩 크레디트이 올라가며 말할 수 없이 차가운 바람에 휘감기는 듯 싸늘해졌습니다. 영화는 시종일관 '죽음'을 상기시키고, 나열하며, 죽음에 대한 이야기를 하고, 죽음으로 끝을 맺습니다. '어떤 삶을 살았든 마지막엔 결국 받아들여야만 하는 그 불청객' 곁에는 탄생과 성장, 청춘, 나쁘지 않은 이별과 더 나은 만남이라는 친구를 붙여둡니다.

틀에 박힌 이미지를 산산조각 내는 것. 우리와 '다른 것'에 대한 공포. 이건 어쩌면 우리들의 근원적인 본능 같은 것일 수도 있습니다. 정해진 성이 있고, 그 성에 충실히 살아가는 것이 대다수의 삶이니까요. 그래서 그것과 '다른' 것에 대해 우리는 '틀림'으로 바라보는 습성이 있습니다. 다른 것은 다른 것일 뿐인데 '틀리'거나 '악'하다고까지 규정해버립니다.

인간에 대한, 인간의 삶에 대한, 인간 삶의 애잔함에 대한 무한한 상상력이 우리가 살면서 무수히 만나고 헤어지는 사람에 대한 두려움을 갖게 하는 것. 고요하게 시작되는 하루, 그러나 늘 무슨 일인가 일어나고 그것이 아무 일도 아닌 게 되어버리고 그렇게 하루는 또 묻혀갑니다. 분명 무슨 일인가 일어난 그날이 아무 일도 일어나지 않은 날이 되어가는 것, 우리 안에도 내 안에도 있을 그것이. 그것을 망각하지 않으면 안 되는, 그러나 시간이 갈수록 더 선명해진다는 사실이 두려워집니다.

하지만 그날은 뭐라고 해야 할까요? 싱그럽고 파릇한 내음이 난다고 하면 정확한 걸까요? 당신의 영화에선 분홍빛 봄내가 났습니다. 가을이 깊어지고 있어 점점 추워지고 있는데 당신의 영화에서는 봄이 보였습니다. 겨울이 꾸는 꿈이라는 봄, 무언가 새로운 희망이 보이는 듯한 봄 말입니다. 푸른 청춘의 기억들, 그 시간이 지나고 나서 돌아보니 철없음에 웃음이 나기도 하고 사진처럼 박힌 어느 순간은 기억하고 싶지 않기도 합니다. 그럼에도 아름다운 청춘의 날들이라 불리 우는 것은 그 시간을 통한 성장통은 어느 누구나 경험한 공통분모로 자리 잡고 마음속 깊은 곳에서 별처럼 반짝이고 있기 때문입니다.

깨지고 쓰러지고 화내고 울고 있는 영화 속 주인공들에게서 나를 보았습니다. 사랑이라는 것에 울고 살아가는 도중에 쓰러지고 내동댕이 쳤었던 나의 영혼을 보게 되었습니다. 지나간 일들이라고 생각했던 감정의 조각조각들이 그곳에 함께 있었습니다. 당신은 어떻게 이런 작품을 만들 수 있을까 생각해 보았습니다. 둔탁하지 않은 연출로, 조근조근한 어투로 현장을 지휘하는 당신은 어떻게 감춰진 삶의 단면들을 속속들이 다 알고 있을까요? 그러기에 당신의 영화는 모두 하나의 그림 퍼즐 조각들입니다. 그 그림 속에는 살아 숨 쉬고 있는 우리의 속내들이 하나씩 하나씩 담겨 있습니다.

인간이 느끼는 가장 고통스러운 감정은 부끄러움입니다. 부끄러움을 느끼는 사람들은 자신에게 그런 감정을 느끼게 하는 사람을 미워하게 되어 있습니다. '경멸'을 당했다는 이유로 너무나 많은 폭력이 발생합니다. 하지만 경멸이 진정한 원인은 아닙니다. 어떤 사람의 시선이나 말, 혹은 행동에서 스스로 느낀 부끄러움 때문이라고 하는 게 오히려 맞을 것입니다. 누구나 힘든 시기를 겪습니다. 또 누구나 꿈꾸는 것이 있습니다. 꿈꾸는 대상이 있기 때문에 힘든 시기를 참고 견뎌내는 것이 아닐까 생각합니다.

모든 아픔은 과거에 대한 갈망에서 비롯됩니다. 우리가 예전에 무엇을 가지고 있었든, 예전에 어떤 존재였든 관계없이 말입니다. 잃어버린 것을 다시 찾고 싶은 마음이 고통을 낳습니다. 사람들은 고통이 빨리 사라지지 않으면 스스로를 탓합니다. 고통을 극복하지 못했다고, 자신이 강하지 못해서 그렇다고, 또 자기가 애초에 너무 나약했기 때문이라고, 모든 것을 자기 탓으로 돌립니다. 문득 '나'를 제대로 연기하면서 살고 있는가! 그런 생각이 듭니다. '나'는 수많은 이미지가 중첩된 존재로 시시각각 다른 이미지들이 고개를 들고 목소리를 높이기 일쑤입니다. 사실 그 이미지들은 절대적이라기보다 상대적으로 자리 잡는 경우기에 관계 속에서 살아야 하는 '나'의 이미지란 것은 타인에 의해 규정되는 측면이 많다고 할 수 있습니다. 온전히 '나'가 스스로 그 이미지들을 통제하기란 쉽지 않습니다.

하지만 상처는 그렇게 치유되는 게 아닙니다. 상처는 우리가 원하는 대로 순순히 말을 듣지 않습니다. 상처는 그 자체의 방식으로, 필요한 만큼의 시간이 지나야 아무는 것입니다.

네가 입은 상처가 아무리 깊더라도, 그 상처가 아무는 데 필요한 모든 것은 이미 '네 안에' 있습니다. 상처를 아물게 하려면 고통을 알아주고 이해해주고 보살펴주면 됩니다. 무엇보다 가장 필요한 것은 시간입니다. 영화 속의 절대적 '시간'은 제가 꿈꾸는 저만의 방식입니다.

어디든 돌아갈 곳은 멀지 않지만 그 거리만큼 느껴지는 현기증에 쉽게 지쳐만 갔었다면 이제는 편히 쉬기를 바랍니다.

작은 새는 누구라도 느낄 수 있듯이 세상의 법칙 앞에서 한없이 작은 존재입니다. 작기 때문에 언제나 그 삶은 애틋합니다. 그러한 작은 새가 새벽녘 호반을 거닐고 있다면, 더욱이 날지 않고 거닐고 있다면 말입니다, 그것은 마른 바람을 사납게 맞는 것처럼 방외자의 눈시울을 때로는 적시게 만들 수 있습니다. 아무도 찾지 않는 호반의 정취 속에서, 새벽의 여명을 기다리는 그 희미한 어둠 안에서, 상상해 보십시오, 그러한 공간에서 작은 새는 날지 않고 거닐고 있는 것입니다

  나는 분명히 말할 수 있습니다. 작은 새는 그저 작기 때문에 세상의 연민만을 받는 존재가 아니라고 말입니다. 모두가 잠들어 있는 새벽녘에 홀로 깨어 있는 작은 새는 비록 날지 않는다 하더라도, 비록 거닐고 있다 하더라도, 그것은 찬란한 아침을 향해 비상을 웅크리고 있는 것임을 나는 분명히 말할 수 있는 것입니다.

추상

영화는 하나의 언어입니다. 영화로 뭔가에 대해, 때로는 크고 심원한 것에 대해 말할 수 있습니다. 영화는 갖가지 요소가 서로 합쳐져서 이전에는 존재하지 않던 뭔가를 만들어 낼 수 있습니다. 영화는 스토리를 전하며 직접 보지 않으며 맛볼 수 없는 세계와 경험을 만들어냅니다.

저는 추상적인 것을 구체화해 주는 스토리를 좋아합니다. 그것이 영화가 할 수 있는 일입니다. 르네상스 시대에 중세의 상징적 우주는 원근법같이 사물을 구성하는 체계적인 언어로 변화합니다. 원근법은 인간 주체가 자기가 정한 형태를 우주에 부여함으로써 우주를 구성하는 것이었습니다. 그 주체는 이 새로운 상징적 세계의 중심을 차지하여, 자신의 척도에 따라 세계를 해명하고 실재를 재구성하게 된 것입니다.

데미안 허스트의 점 회화가 점을 그린 것이 아니듯, 몬드리안은 단순히 선분을 그린 것이 아닙니다. 빛과 색의 몸체를 빚어 그것으로부터 운동과 시간을 발생시킨 것이죠. 게하르트 리히터의 회화 작품에서는 신체와 외부의 관계 안에서 다져지고 응축된 표현적 질서들이 경이로운 이탈 과정을 그리며 운동과 시간을 감동적으로 발생시키고 있습니다.

장 보드리야는 이러한 이미지의 복제가 가져오는 유해성과 더 나아가서 대량으로 쏟아 부어지며 현실과 가상을 구분하지 못하게 만드는 공격성을 지적한 바 있습니다.

추상은 신체 속에 그리고 예측을 허락하지 않은 과정에 속하는 것이라는 점에서 모든 예술은 추상입니다. 따라서 정신이 바로 뇌의 정보 프로그램에 지나지 않는다는 가설 같은 것은 받아들일 수 없습니다.

영화에 대한 어떤 비평도 예술의 곤경에 대한 질문에 명확하고 최종적인 답을 줄 수는 없습니다. 현재의 상황에서 최상의 바람은 우리가 답할 수 있는 것보다 훨씬 많은 질문을 유발하는 것이고 그 질문이 새로운 영화를 만들어간다는 점입니다. 예기치 않은 영역에서 전혀 영화라고 할 수 없을 것처럼 여겨지는 영화들이 생겨나는 것이 우리가 처한 새로운 가능성이자 고민일 것입니다.

감정의 이기심

어떤 사람이 어떤 자리에서 결정적인 큰 역할을 훌륭히 해내려고 할 때 자신의 능력만으로는 안 된다는 건 모두가 알고 있는 사실입니다. 타인과의 교감과 협조가 필요하고 다른 사람들이 일해 낼 수 있는 상황을 만들어 주어야 하는 동시에 나도 그 속에서 내가 할 일들을 정확히 찾아서 해내야만 가능하기 때문입니다.

감정은 개인 차원의 문제가 아니라 조직에서 긍정적인 공감대를 형성하기 위한 가장 최우선의 선택입니다. "한쪽 날개만으로 날 수 있는 새는 없습니다. 가슴과 머리−감정과 사고−가 어우러질 때 비로소 타고난 리더십이 발현되는 것입니다. 감정과 사고 이 둘은 리더가 하늘 높이 비상하기 위해 갖춰야 할 양 날개와 같은 것입니다."

감성지능은 선천적인 것이 아니라 부단히 노력하고 학습해야만

습득할 수 있는 것입니다. 사람의 마음을 움직이기 위해서 활용해야 할 리더십은 한 가지에 국한되는 것도 아니며 다양한 리더십을 적당한 시기에 구사할 수 있도록 계속해서 노력해야 합니다.

이기적인 이야기가 관객들에게 강렬한 공명을 불러일으키는 것은 우리가 여기서 삶에 대한 슬픈 진실을 발견할 수 있기 때문입니다. 끝이 없을 것 같은 환생과 경험을 거듭하는 당신, 타인의 사랑을 모르고 타인에 대한 사랑을 모르는 이 뻔뻔스러운 이가 명백히 에고이스트이며 더없이 이기적으로 진화된 우리 자신들의 모습입니다. 그래서 현명한 사람은 섣불리 타인에게 어리석다든지, 어쩔 수 없었다든지 하는 전지적 결론 같은 걸 내리지 않습니다. 그저 우리가 여기서 볼 수 있는 것은 우리가 겪어야 하는 조용한 운명의 흐름뿐입니다.

이 세상에는 위대한 영화가 수없이 많습니다. 그중에는 감독이 죽어서 그것에 대해 더 알 수 없는 경우도 많습니다. 그렇지만, 영화가 있는 것만으로도 충분합니다. 그 영화를 보면서 당신은 꿈꿀 수 있고 생각할 수 있으니까요.

영화, 이게 다예요?

　무엇보다도 영화의 미덕은, 아름다움에 있습니다. 그 아름다움을 많은 관객이 느껴야 합니다. 상징이 있다면, 난해한가요? 아닙니다. 상상력이 있다면, 진지하지 못한 건가요? 아닙니다. 사랑 이야기라면 자극적인가요? 전혀 아닙니다.

　영화는 지극히 인간에 의한 인간을 위한 인간의 이야기이기 때문입니다. 영화는 어떤 특수한 사정을 이야기하는 것이 아니라, 나의 이야기, 너의 이야기로 대변할 수 있는 구조여야 합니다. 영화는 책 속에만 있는 것도 아니며 현실의 바깥에 존재하는 것도 아닌, 현재가 모여 이루어진 산물이며 결국 이 모든 것은 인간들이 있기에 가능한 것입니다.

　영화를 정의한다는 것은 매우 난감한 일이지만, 인간의 현재를 이해하기 위한, 인간은 결정된 존재가 아니라 변화하는 것이 영화입니다.

영화는 시간 속에서 스스로 변화시켜나가는 예술입니다. 현재의 영화는 시간적 변화의 산물이며, 영화는 바로 변화하는 인간을 해명하는 예술입니다.

슬픈 세상

사실은 영화 속 세상만 무서운 건 아닙니다. 실제 세상이 얼마나 무서운 곳입니까. 서로의 살을 뜯어 먹고 그 위에 올라서야 직성이 풀리는 인간들의 습성, 있는 존재들에게만 친절한 도시의 습성, 어느 세계든 경계는 있고, 그 구획은 철저하며, 그럴수록 개인의 소외와 아픔, 상처와 흉터는 많아지고 깊어집니다. 이빨을 드리운 그림자가 승하는 곳, 잘 아물지도 않습니다.

기다림에 관한 미세한 떨림을 담고 있는 영화들에는 공통적으로 '슬픈 유머'가 담겨 있습니다. 그것은 말 그대로 시적 리얼리즘이라고 부를 만한 세계입니다. 거의 정지해 버린 것 같은 지루함 속에서 알 수 없는 기대를 안고 견뎌 내는 삶의 무게는 전적으로 인간 세상에 대한 오랜 관찰과 배려입니다. 마지막 순간 비가 내리는 세상의 모습은 우리에게 희망과 절망을 동시에 안겨 줍니다. 그 희망은 더 나은 결정을 할 수 있는 우리의 의지에 관한 것이고, 절망은 그럼에도 불구하고 여전히 여기서 벗어날 수 없다는 운명에 관한 것입니다.

인간의 삶을 따라가며 그 속에서 벌어지는 일상의 잡사를 그저 그렇게 흘러가게 내버려 두면서, 우리로 하여금 스스로를 문득 돌아보게 만드는 영화의 미덕은 꼼꼼하게 들여다보지 않으면 좀처럼 드러나지 않습니다.

우리는 성공하기 위하여 냉혹함이 필요하다는 사실만 가르쳤을 뿐, 냉혹함이 곧 성공 자체를 의미하지 않는다는 사실은 누구에게도 말하지 않았습니다. 어쩌면 우리 자신들도 이를 몰랐거나 의도적으로 외면했을지도 모릅니다. 부정한 수단을 피하지 않고 성공한 인간이라는 사실을 인정한다면 우리는 성공을 부정하는 것으로 생각했던 것일까요.

냉혹함 그 자체는 악덕이며, 어디까지나 인간이 미덕을 얻기 위한 수단으로써만 의미가 있을 뿐입니다. 완전무결하게 보이려면 가장 중요한 무기인 냉혹함이 그 자체로 미덕이 되어야만 했는지도 모릅니다. 냉혹함은 결국 수단이며 악덕일 뿐이라는 사실은 깨닫지 못합니다.

자녀에게 자신의 결점을 밝히기 꺼리는 부모는 자녀가 그 결점을 따르기를 원하는 부모입니다. 엄연히 자녀의 눈에 보이는 자신의 행위를 단점이라고 직접 짚어주지 않는다면, 그것이 따를 만한 행위라고 말하는 것이나 마찬가지이기 때문입니다. 설령 그 결과가 가족에게 이롭다 해도 그 방편이 지닌 한계는 분명히 밝혀야 합니다. 단지 부모의 인간적인 면을 보여주거나 냉혹함과 같은 요소가 악덕이라는 사실을 밝히는 단순한 단계를 넘어서, 그 악덕을 언제 어떻게 사용해야 할지 판단하기 위해 부모는 자녀에게 완전무결해 보이기를 원해서는 안 됩니다. 그렇게 헛된 노력을 해봐야 자녀는 부모의 악덕을 미덕으로, 그것도 손쉽게 따를 수 있는 미덕으로 착각하고 그것만을 따르다 파멸하게 될 테니 말입니다. 부모는 그저 자녀를 곁에 두고 기르는 것이 아니라, 가까이서만 볼 수 있는 자신의 행태를 드러내야 합니다.

제가 계속해서 주장하는 것은 냉혹함도 잔인함도 없는 따뜻한 가정이 아닙니다. 냉혹함, 잔인함, 무자비함이 있어서 인간은 지금까지 존재할 수 있었을 것이라고, 요즘 악마 같다고 여겨지는 사람은 과거에는 성공한 사람의 전형이었을 것으로 생각합니다. 그건 냉혹함이 없는 가정이 아니라, 냉혹함으로부터 고개 돌리지 않는 가정이어야 합니다. 냉혹함이 악덕이며, 미덕을 위한 수단이라는 사실을 호도하지 않아야 한다고 날카롭게 지적해야 합니다. 그렇지 않다면 냉혹함으로 쌓아올린 가문의 부와 명예는 결국 목표 없이 날뛰는 냉혹한 괴물에 짓밟힐 것이기 때문입니다. 냉혹함을 은폐하고 감추거나 피할 이유는 없습니다. 그것이 무엇인지 알고 잊어버리지만 않는다면 말입니다.

때로는 가족보다 사랑하는 사람이 더 소중하게 느껴질 때가 있습니다. 살아가다 보면 가족이라는 울타리가 답답하게 여겨지고 자신을 옭아맨 굴레나 짐처럼 여겨져 이 모든 것을 벗어나 자유를 얻고 싶을 때도 있습니다. 가족들 간에 불화가 생기거나 도저히 서로를 견딜 수 없을 정도가 되었을 때 잠시 떨어져 지내고 싶을 때도 있습니다. 그러나 떨어져 있다고 해서 자신이 가족의 일원이라는 진실은 변하지 않습니다. 사랑하는 사람의 모습을 떠올려 보고 싶은데 도저히 그 모습을 머릿속으로 선명하게 그려 볼 수 없을 때의 안타까움이란 이루 말할 수가 없습니다. 사실 기억이란 것은 시간이 흐르면서 퇴색하기 마련입니다. 가끔 돌아가신 분들의 모습을 떠올려 보곤 하는데 몇 년 지나지도 않았는데 벌써 그 모습을 선명하게 떠올리지를 못하게 되어 안타까워지곤 합니다. 사람들은 흔히 망자를 두고 "비록 세상을 떠났지만 마음속에 살아 있다"는 표현을 합니다. 이 말처럼 내가 죽더라도 이 세상에 나를 기억해 줄 사람이 있다는 것은 죽은 사람이나 남겨진 사람에게 큰 위안이 됩니다. 만약 사람들의 기억 속에서 자신의 존재가 완전히 잊힌다면, 그것도 살아 있는 동안에 그렇게 된다면 과연 어떤 생각이 들고 어떤 느낌일까요?

아름다움과 성욕의 타자로 상징되는 인형, 생명력을 잃고 들판을 꿈꾸는 목마 등을 통해 각박한 삶의 터전에서 자신을 잃어가는 현대인을 표현합니다. 생명력과 주체를 상실한 피사체들은 물속을 유영하거나 너른 들판을 달립니다. 그 모습은 잃어버린 낙원으로의 귀환, 대자연에 대한 회귀를 떠올리며, 새장 같은 현실에서 벗어나 자유로워지려는 여성의 심리를 대체합니다.

세상은 신비하고 달콤한 희망으로 빛나며 옆에 누워있는 누군가를 진심으로 사랑하고, 그래서 소중하지 않은 것이 없었던 시절에 대해 떠올려도 보지만 모든 것은 사라졌고 다신 그 시절로 돌아갈 수 없다는 진실만 깨닫게 될 뿐입니다.

부서진 희망 같은 것을 쳐다볼 수 있으려면 얼마나 담담한 마음을 가지고 있어야 할까요. 담담히 다양한 생의 모습들을 받아들일 수 있는 여유. 곁에서 비슷비슷하게 살아가는 그러나 내 편인 가족들에게 빚지고 있는 것이 많으리라 생각합니다.

사람의 욕망. 비뚤어진 성격을 가진 사람이 그릇된 욕망을 가졌을 때에 비롯되는 나쁜 재앙들이 사실은 그냥 아름다운 세상에서 발현되는 것이 아니라 어느 정도는 사람과 사람 사이의 반목과 불신들이 존재할 때 불현듯 일어난다는 사실임을 알게 되었습니다.

당신의 향기

사랑하는 당신에게!

지난밤은 바람이 심했습니다.

창문도 흔들렸습니다. 어디든 바람이 없는 곳은 없습니다.

그때마다 문득문득 두려움을 느낍니다.

정작 하고 싶은 말은 단 한 마디도 꺼내지 못할 때가 더 많았습니다.

그것은 더 두려운 일. 언젠가는 꼭 하고 말 것 같아서, 결국 언젠가는 하면 안 될 말은 꼭 내뱉게 될 것 같았기 때문입니다.

그것이 외로움에서 벗어나는 일로 착각하면서. 그것이 두려운 일인지도 모른 채.

내가 가져야 할 미덕은 침묵이어야 합니다.

침묵의 시간만큼 견고한 사랑은 없습니다.

인생의 반을 지나쳤다는 생각을 종종 합니다.

나이도, 마음도 이미 어느 정점을 찍고 주춤주춤 다시 아래를 향해 걷고 있는 기분입니다. 의식적으로 인정하지만, 감정적으로 그 공포를, 그 허무를, 그 찬란한 아쉬움을 어쩌지를 못하겠습니다.

그 어쩌지 못하겠는 마음이, 우울이나 허무로, 쓸쓸한 정조로 나를 놓아주지 않습니다.

가을이 되면 앓고 싶어집니다.

계절이 원래 쓸쓸해야만 할 것 같은 계절이니 기승을 부리던 햇빛도 수그러들고, 비명을 지르듯이 푸르기만 하던 나뭇잎들도 제 색을 버리고 땅으로 떨어집니다.

하늘은 티끌 하나 없는데, 새벽마다 안개가 잠식합니다.

가을의 공기가, 가을의 색깔이, 가을의 본래가 그렇듯이 말입니다. 올 가을은 몹시 춥고 축축한 공기가 온 도시를 짓누릅니다. 하늘은 우중추하고, 햇살 환한 날은 좀처럼 없어

걸핏하면 알지 못할 우울함에 젖어들곤 합니다. 길을 걷다가 문득 울고 싶은 마음에 화들짝 놀란 적도 있었습니다.

당신을 처음 만났던 날을 생생히 기억합니다.

제가 익히 알고 있던 당신의 커다랗고 따뜻하고 맑은 마음도 떠올려집니다.

스산한 가을, 어느 카페에 나가 우연히 당신을 만났습니다.

당신과 나는 그렇게 아는 사람이 되었고, 사랑하는 사람이 되었고, 이별한 사람이 되었다가, 어느새 결혼하는 사람이 되었습니다. 그리고 한 아이의 부모가 되었습니다.

결혼식에서 본 당신은, 내가 세상에서 본 그 어떤 신부보다 천진하게 아름다웠고, 낭만적으로 예뻤습니다.

당신과 함께 아침을 맞이하고, 도심을 산책하고, 맛있는 것을 먹었습니다.

신혼 내내 소소한 울음과 커다란 웃음이 공존했고, 운명처럼 사랑했으면서도, 크게 싸우기도 했습니다.

결혼을 하면서 아, 나는 정말 행복하구나. 더 열심히 행복해야겠구나— 하고 결심했습니다.

당신과 내가 아직 다 펼치지 못한 소중한 꿈이 이뤄지도록 제가 많이 거듭나겠습니다.

또한 당신이 꿈꾸는 온화한 가정을 만들기 위해 기꺼이, 함께, 굳세게, 걸어나가기를 진심으로 다짐합니다.

오래오래, 건강하게, 행복하게. 그렇게 서로에게 더없이 소중한 존재로 건재하기를 소망하며 당신을 사랑하겠습니다.

당신이 있어 나는 행복합니다!

영화가 이긴다, 마칩니다.